新版 軽井沢の自由研究

升本喜就 著

杉並けやき出版

Study of Karuizawa, its History and Nature
(New Edition)
Yoshinari Masumoto
Photos by Yoshinari Masumoto
Suginami Keyaki Publishing, Tokyo 2017
ISBN978-4-434-23082-0 C0026

新版 軽井沢の自由研究 目次

まえがき……………………………………………… 7

1. 軽井沢の歴史……………………………………… 9
　1．1　縄文〜弥生時代………………………… 13
　1．2　律令時代………………………………… 14
　1．3　江戸時代………………………………… 16
　1．4　明治時代………………………………… 18
　1．5　大正時代………………………………… 20
　1．6　昭和〜平成時代………………………… 22

2. 軽井沢の気候……………………………………… 27
　2．1　気温……………………………………… 27
　2．2　相対湿度………………………………… 29
　2．3　降雪……………………………………… 29
　2．4　霧………………………………………… 30
　2．5　軽井沢測候所…………………………… 31
　2．6　春………………………………………… 31
　2．7　夏………………………………………… 33
　2．8　秋………………………………………… 35
　2．9　冬………………………………………… 37

3. 浅間山……………………………………………… 41
　3．1　活火山としての浅間山………………… 41
　3．2　浅間山の景観…………………………… 45

4．軽井沢の川……………………………………… 49
　4．1　湯川系…………………………………… 49
　4．2　濁川系…………………………………… 50

5．軽井沢の鉄道…………………………………… 51
　5．1　上野〜横川間の開通…………………… 51
　5．2　横川〜軽井沢間の馬車鉄道…………… 51
　5．3　軽井沢〜直江津間の開通……………… 51
　5．4　アプト式鉄道の開通…………………… 51
　5．5　アプト式鉄道の廃止…………………… 55
　　　　（上野〜長野間全面電化）
　5．6　新幹線としなの鉄道…………………… 56
　5．7　草軽電鉄………………………………… 56
　5．8　鉄道ダイヤで見る上野〜軽井沢間の
　　　　所要時間の変遷………………………… 59

6．軽井沢とその周辺の見所……………………… 61
　6．1　　ショー祭　………………………… 61
　6．2　　万平ホテル………………………… 62
　6．3　　三笠ホテル………………………… 64
　6．4　　白糸の滝と鬼押出し……………… 65
　6．5　　千が滝と千が滝せらぎの道……… 66
　6．6　　御影用水温水路と御影陣屋
　　　　　　　　代官宿所資料館………… 68
　6．7　　1000m林道と木洩れ日の道……… 72
　6．8　　碓氷峠と見晴台…………………… 73
　6．9　　海野宿…………………………… 75
　6．10　大塚酒造…………………………… 77

6．11　アプト式鉄道の第3橋梁（めがね橋）…　79
6．12　富岡製糸場……………………………　83
6．13　三五荘………………………………　86
6．14　旧中込学校…………………………　88
6．15　釜ヶ渕の甌穴（おうけつ）………………　89
6．16　上田駅にある大きな影絵………………　91
6．17　北軽井沢と浅間大滝……………………　91

7．皇女和宮の降嫁………………………………　95

8．明治初期の軽井沢写真を読み解く……………　97

9．ヒョウタンボク………………………………107

10．明治初期における通信網の発達……………109

11．浅間山と大宮の氷川神社を結ぶ線…………119

12．金兵衛の中山道撮影旅行の旅程推定………127

13．明治初期の軽井沢の気候を考える…………135

14．三笠ホテルのシャンデリア…………………147

15．軽井沢でのシャッターチャンス……………159

　　あとがき……………………………………163

参考文献……………………………………… 167

索引………………………………………… 171

筆者紹介……………………………………… 187

まえがき

　千ケ滝西区に1979年に山荘を作ってから、足繁く軽井沢に通っている。初期の頃は関越道が途中までしか開通しておらず、東松山からは254号線で嵐山町、小川町、寄居町、美里町、児玉町、藤岡市、吉井町、富岡市、松井田町、そして碓氷バイパスを経て軽井沢に入った。当時は横浜市に住んでいたが、若かったせいか一般道も気にならず、途中の紙漉の町、神流川、桑畑等の景色を見ながら運転したものである。退職前は軽井沢から長野新幹線、東海道新幹線を乗り継いで通勤をしたこともあった。

　退職後は水道の凍結対策を行い、冬の軽井沢を楽しめるようにした。そして、それまで知らなかった厳冬期の軽井沢の美しさを知った。一人で軽井沢に来たときは、軽井沢およびその周辺の興味ある所を精力的に回った。

　このようにして長年にわたり軽井沢を楽しんできたので、軽井沢のことはかなり分かっている気でいたが、「軽井沢検定」のテキストブックを読んでみると、知らなかった事項が沢山あることが分かり、また今までの知識を体系的に整理することができた。

　その頃から軽井沢およびその周辺の歴史と自然について、それまでに調査したことや検討したこと等を、撮りためた写真を使用して本として出版してみたくなり、2011年に『軽井沢の自由研究』と題する本を出版した。出版して日が経つにつれて、新たに興味深い調査結果が得られたり、書き漏らした事項に気がついたりしたので、『軽井沢の自由研究・増補版』を2014年に出版した。

　『軽井沢の自由研究・増補版』は、従来の軽井沢本とは異なる内容を、エンジニアの視点から記述した。そのためか軽井沢好きの方々に関心をもって読んで頂いたようで、2015年に軽井沢図

書館と軽井沢ナショナルトラストから講演の依頼を頂いて、「軽井沢の歴史と自然　＝エンジニアの視点から＝」と題する講演を5月と8月に行うことができた。

　私は大学卒業後は一貫して人工衛星開発に従事し、退職後も大学からの依頼で大学が開発するマイクロサット（小型衛星）の設計、製作の技術支援をしているので、今までの交際範囲は大学の教員、研究者、大学院生、メーカの方々と言う人工衛星関係のフィールドの人達であった。しかし、「軽井沢の歴史と自然」の講演会や調査活動を通して、今までとは全く異なるフィールドの方々と知り合うことができた。そして新しく知り合ったフィールドの方々と、軽井沢談義を楽しむことができるようになった。この軽井沢談義を通じて新しい事を知ったり、新たに調査・検討するテーマに気がついたりして、さらに軽井沢の歴史と自然について深く考えられるようになった。

　そして軽井沢ナショナルトラストから、2016年にも講演依頼を頂いた。2016年は宣教師ショーが初めて軽井沢で避暑をしてから130年目の節目の年であるので、それなりの話が必要であるのと、前回と同じ話はできないので苦労して3～4ヶ月かけて、「明治～大正期の軽井沢を考える」と題する講演資料を製作した。

　『軽井沢の自由研究・増補版』を出版した時は、これで軽井沢関係の本の出版は終わりだと思ったが、その後講演を通じて知り合いになった方々との軽井沢談義や「明治～大正期の軽井沢を考える」の講演資料作成を通じて、後世に残しておきたい軽井沢に関する興味深い歴史的な事実を明らかにすることができたので、『軽井沢の自由研究・増補版』を全面的に見直して、さらに新たな研究成果を盛り込んで『新版・軽井沢の自由研究』を出版することとした。

1．軽井沢の歴史

　軽井沢には有史以前からの浅間山の活動、そして縄文時代から続く長い歴史がある。律令時代には畿内から内陸を通って東北に至る東山道が軽井沢を通り、また江戸時代には江戸と京都を結ぶ中山道の宿場町として賑わった。

　明治時代になって宿場制度がなくなり、さびれていた軽井沢を、国際避暑地として発展させるきっかけを作った人の一人が、カナダ人宣教師 A．C．ショー（1846 〜 1902)である。

　ショーは、1886 年（明治 19 年）に、家族をともなって約 2 ヶ月の夏期休暇を初めて軽井沢で過ごした。暑い夏の東京から抜け出したショーは、軽井沢の夏の気候と自然環境が気に入り、「Hospital Without Roof」と呼んで賞賛した。(当時は日本勤務の英国公使館員が英国本国での賜暇休暇中に休暇延長申請を提出する理由は、暑い日本の夏を避けたいと言う理由が多かったと言われている) そして宣教師をはじめとして多くの欧米人に、夏を軽井沢の山荘で過ごすことを勧め、欧米人達はキリスト教に根ざした軽井沢バンガローと呼ばれる質素ながら快適に夏を過ごせる山荘を建築して、軽井沢の国際的な避暑地としての発展がはじまったのである。

　しかしショーが軽井沢に突然現れて避暑をしたわけではない。当初ショーは英国公使館付の牧師（チャプレン）であったが、後に英国公使となるアーネスト・サトウは、ショーが軽井沢で避暑をする前に何度も軽井沢を訪れていて夏の軽井沢の涼しさを知っており、ショーはアーネスト・サトウから軽井沢に関する多くの情報を事前に聞いていたと考えられる。ショーが、なぜ軽井沢で最初に避暑をしたか、そして多くの欧米人が、なぜ軽井沢に惹きつけられたかの詳細は、8 章「明治初期の軽井沢写真を読み解く」

の項で述べる。8 章は『新版・軽井沢の自由研究』の中で、特筆すべき内容を記述した章の一つである。

軽井沢を最初に訪れた外国人は英国公使館付き医官ウイリスであり、1868 年 10 月に戊辰戦争での負傷者を敵味方なく治療するために軽井沢を通過している。この時にウイリスは「平地から軽井沢に至ると気温は 6 ℃程度低くなった。また軽井沢は夏でも蚊はいないと言われる場所である」との報告を残している。

次はアーネスト・サトウが、ショーが来日した 1873 に年軽井沢で宿泊をしており、後年には浅間山登山や夏に軽井沢で宿泊をしている。

また 1877 年に東京大学博物館に勤務していてミヤマモンキ蝶の新種発見、蝶や虫の体系付けをして多くの標本を作製したイギリス人のプライヤーが軽井沢を訪れている。

その後はスエーデン、ドイツ、アメリカ、フランス、イタリア、デンマーク、プロシア、スイス等の人が軽井沢に来ている。

ショーが軽井沢での最初の避暑をした時は借家住まいであったが、軽井沢が気に入ったショーは 1887 年には、現在ショー記念礼拝堂がある場所にあった民家を入手して使用した。しかし中山道を通って碓氷峠を越えて二手橋を渡ってきた旅人が、旅籠と間違えて戸をたたくのに困惑して、翌 1888 年に大塚山（だいづかやま）に旅籠を移築・改装した別荘を作った。これが軽井沢で最初の別荘（ショーハウス）である。

そして 1888 年に現在のショー記念礼拝堂のある場所に軽井沢で最初の教会がショーによって創設された。このショーが設立した教会は、1895 年に増改築されて日本聖公会軽井沢ショー記念礼拝堂として現在に至っている。

ショーハウスは、1986 年に日本聖公会ショー記念礼拝堂の裏に移築され公開されている。

ショーについて紹介すると、カナダのトロントで生まれトリニ

ショーハウス

ティ・カレッジで神学を学んだ後に英国に渡った。そして1873年に、英国公使館付牧師として外交官の身分で日本に派遣された。

来日後は、赤坂霊南坂陽泉寺に礼拝堂を開いたり、1879年には東京の芝に聖アンデレ教会を建てて布教を行った。

ショーは英国人マリー・アン（1850〜1921）と東京で結婚し、新居は福沢諭吉の別棟であった。1874年から3年間は、慶應義塾で英語とキリスト教倫理学の講義を行った。香蘭女学院、東京女学館の開学にも関わったという。そして1902年3月に芝の自宅で亡くなり、青山の外人墓地に埋葬されている。

軽井沢は1925年頃には、別荘戸数は650、年間観光客は7,500人（外国人1,500人）となり、さらには1951年には国際親善文化観光都市建設法が唯一軽井沢に対して適用されて、日本を代表す

る避暑・休養地として発展を続けている。

日本聖公会ショー記念礼拝堂

1．1　縄文〜弥生時代

　浅間山の噴火による堆積層が比較的薄い軽井沢バイパス南側の茂沢、発地等では縄文時代の土器・石器が発掘されている。さらに弥生時代の土器、青銅器、祭器が茂沢、杉瓜等で発掘されている。これらの土器等の遺物は「軽井沢歴史民俗資料館」で見ることができる。また御代田町内（川原田遺跡）で発掘された縄文土器は、「浅間縄文ミュージアム」で見ることができる。

　縄文時代の気温は縄文早期（約 8000 年前）から急上昇して、御代田の川原田遺跡が営まれた縄文時代中期（約 5000 年前）の海水面は現在より 5m 程度高くなり、気温は現代より温暖であったと考えられており、この頃に縄文文化は爛熟期を迎えた。縄文中期の人口密度は関東地方や中部地方が高く、川原田の縄文人は浅間山の伏流水、森の木の実、シカ、イノシシ等に恵まれて快適な生活を送っていたと考えられている。そして縄文後期（約 3500 年前）になると寒冷化が進み、人口密度は減少に転じた。

　ルヴァン美術館を左手に見て、西の方向にかなりの距離を進むと突然キャベツ畑となる。そのキャベツ畑の中に、柵に囲まれた縄文時代の「茂沢南石堂遺跡」がある。この遺跡は標高約 900m の台地にあり、発掘は 1951 年〜 1980 年に行われ、縄文中期〜後期の住居跡、環状列石、土器、石器等が出土した。出土した石器や土器は軽井沢歴史民俗資料館で見ることができる。

　遺跡は直径が 50m 〜 60m くらいの円形の土地で、全体が 50cm 〜 70cm くらい低くなっており、その凹みの中に長さ約 60cm の石がサークル状に置いてあったり、敷き詰めてあったりする。

　これらが、縄文後期の住居跡、柄鏡形の敷石、環状列石、石組み石棺であり軽井沢町の文化財に指定されている。なお、使用されている石材は、遺跡の南側にある森泉山（1137m）山中の石と言うことである。

　弥生時代になって水稲栽培を主体とする農耕技術、金属器の使

用、紡織技術等が伝来するが、軽井沢の寒冷な気候や冷たい水は水田には適さず、寒い時期の苗代作りを可能にする保温折衷苗代の開発は 1942 年であり、また水温を上げる御影温水路の完成は 1967 年であるので、農業技術が伝来しても寒冷地である軽井沢では米の収穫は難しかったと思われる。

茂沢南石堂遺跡

1．2　律令時代

　7 世紀中頃から 10 世紀にかけての律令国家時代に東山道が整備された。東山道は、内陸を通って畿内から北部の国府を結び、岩手県、秋田県まで通じていた。
　10 世紀（平安時代）に編纂された延喜式よると、東山道は国府が置かれた松本から小県郡(現在は上田市に併合）を経由して佐久

地方に入り離山の南側を通っていた。

　軽井沢付近には、長倉駅（うまや）が置かれていた。長倉駅の場所は、長倉神社の南側ではないかと考えられている。長倉駅の次の駅は坂本であるが、東山道は入山峠を越えて現在の群馬県側に入った説が有力のようである。

　また、10世紀には勅旨牧（官牧または御牧）が作られ、勅旨牧からは朝廷へ毎年馬が献上されていた。軽井沢周辺には長倉牧、御代田方面には塩野牧、中山道を下諏訪の方へ進んだところには望月牧等があった。信濃の国には合計16の勅旨牧があり、現在でも南牧村、東野牧、西野牧等の地名が残っている

　長倉牧は、中軽井沢から72ゴルフ場の南側辺りまでの範囲と推定されているが、旧朝香宮別荘に通じるロイヤル・プリンス通

長倉の牧（牧堤跡）

り東側（上ノ原）に、長倉牧（牧堤跡）という軽井沢町の文化財になっている史跡がある。この牧堤は「馬飼の土手」と呼ばれ、上ノ原から古宿の北方まで続いていたと、軽井沢教育委員会の説明板に記されている。

1．3　江戸時代

　関ヶ原の戦後の 1602 年に、江戸幕府は五街道の一つである中山道の開発に着手した。中山道は、日本橋を起点として埼玉県、群馬県、長野県、岐阜県、滋賀県を経て京都の三条大橋までの 69 次である。起点と終点は含めず、この間に 69 の宿場がある。

　中山道は、碓氷峠を越えて軽井沢に入り、軽井沢宿、沓掛宿、そして追分宿と続く。

　沓掛宿と追分宿の間に、古宿、借宿という地名が現在も残っているが、ここは沓掛宿、追分宿に泊まりきれなかった旅人が泊まる場所であり、このように宿場と宿場の中間にある宿泊地は「間の宿」（あいのじゅく）と呼ばれている。「間の宿」は方々に存在し、碓氷峠（峠町・峠村）は軽井沢宿と坂本宿の「間の宿」である。

　中山道には碓氷峠、和田峠のように標高の高いところがあるが、最も標高の高い宿場は、追分宿であり約 1000m である。沓掛宿は、現在の中軽井沢であるが、当時の宿場名を変えたのは沓掛だけである。

　中山道には険しい山道が多いが、東海道の様に途中に大きな川がないために、天候によって川で足止めされることがないので大いに利用された。

　江戸時代の軽井沢宿〜追分宿一帯は、歌川広重（1797 〜 1858）、渓斎英泉（1790 〜 1848）の浮世絵に描かれているように、樹木は少なく馬飼育用の牧草地と沼地であり、現在のように緑豊かな場所ではなかった。市村記念館の庭に沼のような池があるが、その様な沼地が点在していたのではないかと想像する。

軽井沢宿の本陣は、旧道の大城レースの向かい辺りにあった。宿場制度がなくなった後、旧本陣は1900年に日本庭園を生かして「軽井沢ホテル」として開業し、リンドバーグ歓迎パーティーが開催され、一時は軽井沢社交界の中心となった時期もあったが営業不振で消滅した。

　軽井沢本陣跡を示す碑が、聖パウロ教会通りにある。この碑には、「明治天皇軽井沢行在所」と書かれており、その横に説明板が立っている。説明文によると、1878年の北陸東海御巡幸の時に明治天皇は中山道で碓氷峠、二手橋を経由して旧道に入られ、軽井沢本陣敷地内に新設した「御昼行在所」で昼食を食べられたと記されている。軽井沢本陣が軽井沢ホテルとして再出発したのは、1900年であるので宿場制度が消滅してさびれていた旧道で、ただ立派な日本庭園を維持していた旧本陣が、このとき日本庭園内に「御昼行在所」を急ごしらえしたのだろう。

　中軽井沢の八十二銀行の駐車場には、沓掛宿脇本陣跡の記念碑が建っている。

　追分宿は、北国街道の起点であり、中山道と北国街道が分かれる所である。北国街道は、狭義には追分宿から善光寺を経由して新潟の高田宿までであるが、佐渡の金を運ぶ道として、高田宿から出雲崎宿まで、また中山道の洗馬宿から善光寺に向かう道も広義には北国街道と呼んでいる。

　北国街道は、善光寺参り、参勤交代、佐渡の金輸送用に大いに使用され追分宿はにぎわった。追分宿で威容を誇ったのが脇本陣の油屋であり、宿場の使命が終わった後は、堀辰雄、立原道造など多くの作家が滞在したが1937年に隣家からの火災で消滅した。「追分郷土館」には、脇本陣油屋の看板、大名の食事用具、食事メニュー等が展示されていて興味深い。

　中山道、北国街道については、追分にある「中山道69次資料館」に興味ある資料が沢山展示されている。この資料館では、展

示資料を手にとって見ることができ、さらに館長の岸本さんは勉強家で良く現場を見ており知識が豊富なので、詳しい説明を聞くことができる。非常に内容の充実した資料館である。

1．4　明治時代

明治時代に入ると、ショーが夏の軽井沢の快適さを紹介し、また上野～直江津間の鉄道が開通したことにより、外国人、日本人の山荘が建ちだし沈滞していた宿場町が賑わいだした時期である。この時代の山荘は、中山道に面している軽井沢宿からある程度離れた広い土地に作られた。すなわち、江戸時代からの建屋と明治時代の別荘は棲み分けされていた。

1893年に日本人最初の別荘を建てたのは、英国海軍大学で学び、退役海軍大佐で代議士であった八田裕二郎である。八田氏が霧積温泉で湯治をしているときに、宿の食事に牛肉が出た。そして、牛肉の入手先が軽井沢であると分かると、八田氏は直ちに軽井沢に出向き気候・環境等が気に入ったことが、日本人最初の別荘を作るきっかけになったと言われている。

当時、霧積温泉には数軒の日本人の別荘があったが、八田氏は湿気が多く谷間にある霧積より軽井沢が気に入って、多くの日本人に軽井沢に別荘を作ることを勧めたと言う。しかし当時の日本人は、「温泉がない別荘なんて」という感じであった様である。明治末期に離山に別荘を作り、700万本の落葉松の苗木を植えて軽井沢開発に情熱を注いだ雨宮敬次郎でさえ、晩年は熱海で過ごし、その地で亡くなったように当時の日本人の別荘に対する思いは現在と少し違っていたようである。

八田裕二郎別荘は、ほとんど建設当時の状況で現存している貴重な別荘である。

明治時代に建築されたショー記念礼拝堂、万平ホテル、三笠ホテル、軽井沢駅舎、明治四十四年館（元軽井沢郵便局）等は現存

している。

　このうち、三笠ホテルは国登録重要文化財に、軽井沢駅舎は経産省近代化産業遺産に、明治四十四年館は国登録有形文化財に指定され、それぞれ移築先で公開されている。

　この時代には小林代造という地元の棟梁が活躍し、代表作は三笠ホテルである。

日本人最初の別荘（八田裕二郎別荘）

　詳細は8章で述べるが、明治時代に活躍した写真家の草分けである日下部金兵衛（くさかべ きんべい）が明治初期に写した軽井沢の写真を見ると、当時の軽井沢には樹木はほとんどなく荒れ地の状態であった。その後、100年足らずで軽井沢を森林に囲まれた日本有数の保養・休養地に変えた先人達の努力に感謝したい。

明治四十四年館

1．5　大正時代

　大正時代になると、大規模な土地分譲と別荘建築が展開され、日本の建築会社である「あめりか屋」が外観は洋風の大型別荘を建て、またアメリカ人のヴォーリズ（1880 〜 1964）が安定感がある建物を建てた時期である。

　あめりか屋は、細川護立別荘、大隈重信別荘等をはじめ、50 〜 60 軒を建築したと言われているが、現存しているのは旧近衛文麿別荘等の 5 軒くらいである。

　ヴォーリズは、プロテスタントの伝道者、英語教師、メンソレータムを日本で普及させた実業家、そして建築家でもあり、どれが本業か分からないが、大正時代〜昭和時代に掛けてどっしりとした、安定感のある良い建築を残している。

ヴォーリズは、大正時代〜昭和時代に軽井沢で 64 軒を建築したが、その１／３は現存していると言う。大正時代の代表作は日本キリスト教団軽井沢教会、軽井沢集会堂等である。

軽井沢集会堂

1.6 昭和～平成時代

昭和に入ると、個人別荘、学校・会社の寮が激増してくる。

別荘は大正末期（1925 年）に 650 戸であったのが、1957 年には 2000 戸、1986 年には 10,000 戸、2008 年には 17,000 戸と増えている。

1937 年には、南軽井沢にある押立山（1108 m）の頂上に円形の南軽井沢ホテル（押立山ホテル）が建設された。このホテルのレストランは美味しく、また展望も良かったと大正時代生まれの人の話に良く出てくるが現存していない。

現在、押立山の登り口は鉄製の門が閉まっており、私有地につき立ち入り禁止になっている。しかし、脇から入った人の話によ

押立山　昭和初期に頂上にホテルがあった

ると（インターネットのブログ参照）、舗装された登り道は頂上まで綺麗に整備されており、押立山ホテルが建っていた頂上付近は平らでヘリポートの様になって絶景が望めるらしい。

　カリフォルニアのオレンジ・カウンティの外れに、オレンジヒルという小高い山がある。その頂上にオレンジヒル・レストランという高級レストランがあり、綺麗なオレンジ・カウンティの夜景を見ながら食事をしたことが何回かあるが、押立山の頂上にレストランができれば、シルエットの浅間山、軽井沢町の灯等の素晴らしい夜景を見ながら食事ができると思う。いつか、そのような日が来ることを念願している。

　押立山ホテルは、1944 年に八丈島の島民の疎開先に使用されたという記録はあるが、消滅時期は分からない。戦争体制に入りかけている時にオープンしたので、建設時期が悪かったと思う。押立山ホテルの外観写真は、あまり残っていない様であるが、参考文献 15 に示す『軽井沢避暑地 100 年』の南軽井沢の章にその望遠写真が掲載されている。『軽井沢避暑地 100 年』は、軽井沢図書館で見ることができる。

　さらに時間が進み、戦後の高度成長期に入ると、無秩序な乱開発を危惧した軽井沢町は、1958 年に「軽井沢の善良なる風俗維持に関する条例」、1972 年に「自然保護対策要綱」等を告示して軽井沢の伝統と自然を保持し、健康的な町作りを推進した。自然保護対策要綱では、別荘地の分譲は 300 坪以上、建物の高さは 10 m 以下、容積率・建坪率は 20 ％以下等が規定されており乱開発を防ぐのに有効であった。

　昭和初期には、ヴォーリズとレーモンド（1888 〜 1976）により歴史に残る建築物が作られたが、一方、旧道にあった近藤長屋がコンクリートの建屋に変わってしまったのは残念である。

　昭和時代のヴォーリズの代表作は、塩沢湖畔に移築されている朝吹家別荘（睡鳩荘）、レーモンドの代表作は聖パウロ教会及び塩

沢湖の湖畔に移築されているペイネ美術館である。

なお、ヴォーリズは日本に帰化して一柳米来留（ひとつやなぎ・めれる）と名乗り、1964 年に 83 才で近江八幡市の自宅で亡くなくなり、近江八幡市に葬られている。

一方、レーモンドはチェコ生まれでプラハ工科大学で建築を学んだ後、アメリカに移住してアメリカの市民権を得ている。プラハ時代の姓名は、アントニー・ライマンであったが、アメリカの市民権を得たときに、レーモンドと改姓している。

その後、レーモンドは帝国ホテルの設計・施工でライトの助手として来日し、建築家として独立後に東京女子大学の礼拝堂をはじめ、多くの作品を日本国内に残している。

朝吹家別荘（睡鳩荘）

聖パウロ教会

　旧道には、綺麗な店が並び多くの観光客が集まり中山道の面影はないが、よく見ると江戸時代の面影が残っている所がある。

　それは、コットンカンパニーと軽井沢写真館が入っている建物である。店の部分は今風に改修されているが、これは小諸にあった江戸時代の旅籠を移築した建物である。1軒の旧旅籠に2つの店が入っていて、店と店の間には旅籠時代の入口がある。2階は6畳くらいの部屋がいくつかあるが、びっくりする程立派な扇子をかたどった欄間がはまっている。

　特に注意して歩かないと前を通過してしまうが、そう思って外観をよく見ると、ショーハウスに似ていることが分かる。

旧道にある小諸から移築した江戸時代の旅籠

2. 軽井沢の気候

軽井沢は、清涼な気候の避暑地・休養地として知られているが、どのような気候であるか理科年表によって調べてみる。

2．1　気温
気温の月別平年値、日最高気温の月別平年値、日最低気温の月別平年値について、札幌、東京、軽井沢を1971年～2000年までの30年間の平均値で比較してみる。

気温の月別平年値（℃）

	1月	2月	3月	4月	5月	6月	
札幌	-4.1	-3.5	0.1	6.7	12.1	16.3	
軽井沢	-3.6	-3.4	0.0	6.6	11.6	15.4	
東京	5.8	6.1	8.9	14.4	18.7	21.8	
	7月	8月	9月	10月	11月	12月	年平均
札幌	20.5	22.0	17.6	11.3	4.6	-1.0	8.5
軽井沢	19.3	20.3	15.9	9.6	4.2	-0.9	7.9
東京	25.4	27.1	23.5	18.2	13.0	8.4	15.9

月別平均平年値では、札幌と軽井沢の気温は類似しているが、軽井沢の方が1℃近く低いことが分かる。

日最高気温月別平年値（℃）

	1月	2月	3月	4月	5月	6月
札幌	-0.9	-0.3	3.5	11.1	17.0	21.0
軽井沢	2.0	2.4	6.5	13.6	18.3	20.7
東京	9.8	10.0	12.9	18.4	22.7	25.2

	7月	8月	9月	10月	11月	12月	年平均
札幌	25.0	26.1	22.0	15.8	8.1	2.1	12.5
軽井沢	24.3	25.6	20.7	15.3	10.5	5.2	13.8
東京	29.0	30.8	26.8	21.6	16.7	12.3	19.7

日最低気温月別平均値（℃）

	1月	2月	3月	4月	5月	6月
札幌	-7.7	-7.2	-3.5	2.7	7.8	12.4
軽井沢	-9.0	-9.0	-5.5	0.1	5.3	11.2
東京	2.1	2.4	5.1	10.5	15.1	18.9

	7月	8月	9月	10月	11月	12月	年平均
札幌	17.1	18.5	13.6	6.9	0.9	-4.4	4.8
軽井沢	15.5	16.4	12.4	4.9	-1.0	-6.2	2.9
東京	22.5	24.2	20.7	15.0	9.5	4.6	12.5

　日最低気温月別平年値も、軽井沢と札幌は類似した傾向にあるが、軽井沢の方が札幌より2℃程度が低いことが分かる。
　また東京と軽井沢では、日最低気温月別平均値は年間では約9℃軽井沢の方が低く、厳冬期においては約11℃軽井沢の方が低いことがわかる。

2.2 相対湿度

相対湿度の月別平均値について、1971年～2000年までの平均値を以下に示す。軽井沢町内の場所によっても湿度は異なると思うが、東京より軽井沢の方が年間平均で15％高い。

相対湿度月別平均値（％）

	1月	2月	3月	4月	5月	6月	
軽井沢	74	73	72	70	74	84	
東京	50	51	57	62	66	73	
	7月	8月	9月	10月	11月	12月	年平均
軽井沢	86	86	88	83	77	74	78
東京	75	72	72	66	60	53	63

2.3 降雪

札幌と軽井沢の降雪日数の月別平年値、日最深積雪50cm以上の日数の月別平年値を1971年～2000年の平均値で見てみる。

降雪日数の月別平均値（日）

	1月	2月	3月	4月	5月	6月	
札幌	28.1	25.2	23.4	6.7	0.3	0.0	
軽井沢	17.3	16.3	13.1	3.0	0.2	0.0	
	7月	8月	9月	10月	11月	12月	年平均
札幌	0.0	0.0	0.0	1.3	13.8	25.7	124.7
軽井沢	0.0	0.0	0.0	0.2	3.2	12.3	65.8

軽井沢の降雪日数は、札幌の半分である。軽井沢は札幌より雪は少ないが、寒さが厳しいと言える。

日最深積雪50cm以上の月別平均値（日）

	1月	2月	3月	4月	5月	6月	
札幌	13.8	24.4	18.1	0.8	0.0	0.0	
軽井沢	0.2	0.2	0.3	0.0	0.0	0.0	
	7月	8月	9月	10月	11月	12月	年平均
札幌	0.0	0.0	0.0	0.0	0.0	1.5	58.4
軽井沢	0.0	0.0	0.0	0.0	0.0	0.0	0.7

　積雪の量については、圧倒的に札幌のほうが軽井沢よりが多いことが分かる。

2．4 霧

　霧は、軽井沢気候の大きな特徴である。

　群馬県や埼玉県側からの熱せられた空気が、碓氷峠を越えて急上昇し、それが軽井沢上空で一気に冷やされて霧になるのである。

　碓氷峠の茶屋で蕎や峠の力餅を食べていると、今まで太陽が出ていたのが、あっという間に霧で数m先が見えなくなることがしばしばある。霧は軽井沢らしさを演出する気象現象である。

　1971年～2000年における霧日数の月別平年値の日本のベスト3について示す。

　国内に81ヵ所ある気象観測地点の中で、標高3776mの富士山は別格であるが、標高1000mの軽井沢が2番目に霧の発生が多いのである。7月の根室での霧発生日数は、軽井沢を上回り富士山とほぼ同じであり、7月の根室の平均気温は14.4℃である。

　以上に示した温度、湿度、積雪、および霧等の特異な気象状況が軽井沢特有の自然環境、生態系を作っている。

霧日数月別平均値（日）

	1月	2月	3月	4月	5月	6月
富士山	13.6	13.5	18.3	18.0	20.7	21.7
軽井沢	8.0	7.6	9.5	10.1	10.2	13.8
根室	1.3	2.1	4.4	10.1	14.4	19.7

	7月	8月	9月	10月	11月	12月	年平均
富士山	22.2	19.9	21.1	16.9	12.8	12.8	211.6
軽井沢	15.1	12.7	14.2	13.5	10.6	8.8	134.2
根室	22.1	18.3	9.3	3.7	1.4	1.6	108.4

2．5　軽井沢測候所

　軽井沢の気象データは、「追分郷土館」の東側隣にある測候所で計測している。

　しかし2009年10月1日から軽井沢特別地域気象観測所と名称を変更して、無人で自動測定を行い長野気象台にデータを報告するシステムに変わっている。

2．6　春

　軽井沢の春は、東京より約2か月おくれでやってくる。東京が暖かくなったので軽井沢に来てみると、まだ一面冬枯れの景色で小雪が降ったり、1日中ストーブを使って過ごすことも珍しくない。

　年によって違いはあるが、4月中頃までは木々は落葉し冬景色であるが、4月20日過ぎに軽井沢町の町花であるコブシの白い花が咲き、連休中に桜やレンギョウが開花して一気に美しい新緑の季節になる。旧道にある神宮寺の枝垂れ桜や小諸の懐古園の桜は綺麗である。

軽井沢から少し離れるが、4月中旬に「杏の里」と呼ばれている屋代の杏畑は満開となり、雪をかぶった日本アルプスを背景にして柔らかなピンク色の花が一面に広がる景観は素晴らしい。

コブシの花

杏の里

5月の終わり頃にはズミという木に可愛い花が咲くが、開花期間が短いのでタイミングが合わないと見ることができない。

2.7 夏
軽井沢の夏は涼しく、蚊がいないので快適に過ごせる。以前は蛾や虫が多かったが、最近は減ってコオロギくらいであるので、虫に悩ませられることは減った。夏は快適な気候であるが、軽井沢の人口が急増して、国道やスーパー・マーケットの駐車場は車で一杯になるので生活は多少不自由になる。

7月の初めは、タリアセンのイングリッシュ・ローズガーデンのバラが綺麗である。良く整備された綺麗な庭に、多くの種類のバラが植えられている。

イングリッシュ・ローズガーデン

　7月の終わり頃は、アサマキスゲ（ユウスゲ）の花が咲く。市村記念館の塀に沿って黄色い可憐なアサマキスゲが咲くが、いかにも軽井沢らしい情景である。
　アサマキスゲは美智子皇后のお好きな花でユリ科に属し、夕方から夜にかけて黄色い花が開き、花は一晩で終わってしまう。ニッコウキスゲと似ているが、ニッコウキスゲは昼間に開花する。
　軽井沢大通りの八十二銀行裏の「小さな美術館軽井沢草花館」には、石川功一さんのアサマキスゲの絵が展示されている。またタリアセンの「深沢紅子野の花美術館」にもアサマキスゲの絵が展示されている。
　皇室から軽井沢町に下賜された「皇居帰りのアサマキスゲ」の種を、東京の家で植えたところ3年目の7月3日に開花した。

アサマキスゲ

2.8 秋

8月の終わりから、秋めいた日になることがある。そして9月に入ると、もう秋のはじまりであり栗拾いと紅葉の季節である。紅葉は軽井沢の至るところで楽しめるが、10月後半から11月はじめが綺麗である。

栗拾いは9月中旬以降であるが、地元の人が拾いに来るのでよいタイミングで拾わないとなくなってしまう。軽井沢の栗は小粒であるが、甘くて美味しい。

秋は蜂が活発に活動する時期であるので、気をつけなければいけない。またカメムシが暖かい室内に入ってくるので要注意である。特に洗濯物に付着して、家の中に入ってくる場合が多い。室内に入った時は、潰すと臭い匂いがするので、団扇でたたき落と

して紙のガムテープでひっつけて、ビニール袋の中に入れるのが一番良い退治法である。

　シーズン中は賑やかな軽井沢高原文庫周辺は、晩秋の夕方になると観光客は皆無である。敷地内にひっそりと建つ野上弥生子の書斎は、晩秋の夕暮れが醸し出す童話の世界の様な情景である。

小粒だが美味しい栗

晩秋の野上弥生子の書斎兼茶室（移築）

千ケ滝西区の紅葉

2．9 冬

 -10 ℃以下にもなる凛とした軽井沢の冬は、他の季節とは違う美しさがある。

 冷え込んだ朝、ベランダの手すりに白ヒゲのように生えた霜、霜で真っ白になったプリンス・スキー場の北面の木々、そして東京では見ることのできない 60cm 以上もある「つらら」は冷寒地ならではの景観である。

 少し暖かい日には、屋根に積もった雪が大きな音を立ててドスン・ドスンと落下する。夜に外で突然大きな音がするので、何事が起こったのかとびっくりすることがある。

 洗面器に水を入れて屋外に出すと、昼間から凍り始める。そして朝には、洗面器の中心部分で約 3.5cm、周囲で約 7.5cm の氷が

張るほど寒い。

　クリスマスには、町の至る所でクリスマスの飾り付けが行われる。聖パウロ教会、ユニオン・チャーチや矢ヶ崎公園のイルミネーションは綺麗であるが、十分に防寒対策をして見に行かないといけない。

　また、庭の雪の上についたウサギの足跡、全面凍結した塩沢湖の上に付いた動物の足跡を見ることは冬の軽井沢での楽しみの一つである。

プリンス・スキー場（－10℃の朝）

白ヒゲの様な霜がついたベランダの手すり

少し暖かい日には、「つらら」ができる

3．浅間山

3．1　活火山としての浅間山

　軽井沢のシンボルである浅間山（2568m）は火山灰、火山礫、軽石、火山岩等の噴出物が積層した成層火山である。山の形は頂上に火口があり円錐形をしているので、コニーデ（円錐）火山に分類される。成層火山の大部分はコニーデ火山であり、その代表例は富士山である。浅間山は、噴火と山体崩壊を繰り返して現在の形になったと考えられている。

　すなわち、浅間山の最も古い形であった黒斑山の時代（数万年〜2万年前）は、海抜2800mのコニーデ成層火山であったが、23,000年前に頂上及び東側の部分が崩壊（塚原土石なだれ）したと考えられている。軽井沢から見て頂上の左側に見える尖った部分が、その時に残った黒斑山の一部である。この残った尖った部分を右上の方に延長して考えると、黒斑山時代の浅間山の高さが想像できる。

　次の仏岩時代（2万年〜1万年前）は、粘りけの強いマグマによる火山活動時代であり、この時代に大規模な軽石流という火砕流が発生したと考えられている。この軽石流が後述する「田切地形」を形成した。

　その後、成層火山である前掛山が成長をはじめて、前掛山時代（1万年前〜現在）に至っており、上信火山帯に属するＡ級活火山に分類され噴火を繰り返している。

　浅間山は信仰登山の山でもあるが、太古から噴火を繰り返しており1108年以降でも67回以上の噴火期が記録されている。

　明確な記録が残っている中では、1108年の天仁の噴火と 1783

年の天明の噴火が歴史的な大災害をもたらした。噴火時の噴出量は、天仁が天明の 2 倍あったと言われている。天仁の噴火の唯一の記録は、藤原宗忠の日記『中右記』であり、そこに「天仁の噴火は前代未聞の規模であり、現在の群馬県の田畑は火山灰に埋もれて全滅した」という趣旨の記録が残されていると言う。

現代の調査で軽井沢町、御代田町、嬬恋村は、天仁の噴火時の火砕流で平均で 8m 覆われていることが分かっている。

昔は浅間嶽と呼ばれ太古から活発な火山活動を続ける浅間山に対して、御代田にある真楽寺は浅間山の鎮静を願って 10 世紀初頭に建造されたと伝えられている。真楽寺には、立派な三重塔があるが、ほとんど知られておらず訪れる人もいない。この三重塔は、1751 年に作られたので、天明の噴火は見ていることになる。

御代田にある真楽寺の三重塔

追分原、御代田、小諸、佐久付近には、洪積世から古代に噴出した火砕流が厚く堆積しておりシラス台地を形成している。シラス台地は、浸食されやすく凹字型の「田切地形」と呼ばれる谷が形成され、谷の部分は水田として使用されている。

　「田切地形」は、この地方独特の地形であり、軽井沢から 18 号線で小諸に向かうと、御代田を過ぎる辺りから左側に見ることができる。

　追分原は、天仁の噴火の火砕流に平均 8m 覆われているという。

　山荘の石垣によく利用される「浅間の焼け石」は、天仁の噴火時の追分火砕流の火山弾である。この時の噴火で降った軽石は、「浅間 B 軽石」と呼ばれ、偏西風に乗って東方に降下したと言われている。この時の「浅間 B 軽石」の降下量は、峰の茶屋付近で 3m、前橋市で 20cm 以上、東京の高島平で 2cm である。

　天明の噴火は 1783 年 5 月頃からはじまり、6 月になると激しくなり噴出した軽石は高崎まで到達し、江戸に火山灰が降って太陽光が遮られて昼でも行灯を灯したと言う。

　8 月に入ると一層激しくなり、嬬恋村の鎌原地区は火砕流に飲み込まれ、火砕流はさらに吾妻川まで達し、田畑、集落を埋めて死者 1151 人が出た。溶岩流は、長さ 12km、幅 4km であり、これが「鬼押出し」となった。

　この大噴火で浅間山周辺の樹木や草は消滅したので、現在軽井沢周辺に生えている樹木や草のほとんどは、天明の噴火以降に生えた植物である。

　天明の噴火は火砕流による災害に留まらず、灰で太陽光が遮られたことによる天明の大飢饉の引き金となり、餓死者が出るなど日本中に大きな災害をもたらした。

　軽井沢では山荘を使用する時期は騒音の観点から建築工事が行われないが、11 月頃になると建築工事が始まる。土を掘って「浅間の焼け石」を積んで石垣を作る例が多いが、焼け石を積むまで

の短い期間が、軽井沢の地層を見るチャンスである。

写真に示す地層は、千が滝西区の外れに近い場所を約 2m 掘った断面である。地層が綺麗なサンドウイッチ状になっているのが分かる。上から 2 層目の白っぽい層が天明の噴火時の噴出物、3 層目の黒い土は平穏期の木の葉などの堆積物、その下が天明の噴火以前の噴出物という具合に層をなしている。

天仁の噴火時の噴出物は、黒色で平均 8m の厚さがあると言われており、もっと深いところにあると考えられ、ここでは見えていない。写真の程度の深さの地層では天仁の噴火の噴出物が見えないと言うことは、縄文時代の遺物が出土する地層には、かなり掘らないと到達できないことになる。

千が滝西区の地層

3.2　浅間山の景観

　2568m の浅間山は、軽井沢、御代田のどこからでも見ることができるが、いくつか綺麗に見える場所がある。また季節、時間等によって浅間山の感じが違ってくる。

　私が選んだベスト・スポットは、茂沢からの浅間山である。レタス畑や林の先に浅間山の雄大な全景が見渡せる。

茂沢からの浅間山

　もう一つは、大日向の昭和天皇行幸の碑の近くからの浅間山である。大日向からは、浅間山が眼前に迫り迫力十分である。戦後すぐに昭和天皇が行幸されたときに、雄大な浅間山を見ていただくために町の人が選んだ場所なのだろう。大日向教会から少し奥に入った所であるが、ここで人に会ったことはほとんどなく、寂

しいところである。

「昭和天皇行幸の碑」の付近は、コスモスが沢山咲いており、また蓼科山の方面が見渡せて綺麗なところである。

軽井沢からは少し離れるが御影新田から、黄色く実った水田の先に見える浅間山の景観は、6.6 章の「御影用水温水路と御影陣屋代官宿所資料館」の項に示すとおり綺麗である。

また発地から見た夕方の浅間山、北軽井沢から見た厳冬期の浅間山の景観も素晴らしい。特に厳冬期の浅間山には、多くの細い糸のような雪の線が何本も山肌に現れている。この糸のような雪の線群は浅間山の特徴の一つである。

大日向からの浅間山

茂沢からの夕暮れの浅間山

噴煙を上げる大日向からの浅間山

3.2 浅間山の景観

発地から見た夕方の浅間山

北軽井沢から見た厳冬期の浅間山

4．軽井沢の川

軽井沢には、白糸の滝、千が滝、御膳水等を水源とする多くの川が流れている。これらの川について整理する。

軽井沢の川は、軽井沢中央部から東部にある湯川系と西部にある濁川系に大別できる。

湯川系、濁川系の両方とも千曲川に注ぎ、さらに信濃川へと続いている。軽井沢付近は分水嶺であるが、水は全て日本海側に注いでいることになる。

4．1 湯川系

白糸の滝を源流とする、湯川系の流れを模式的に示す。

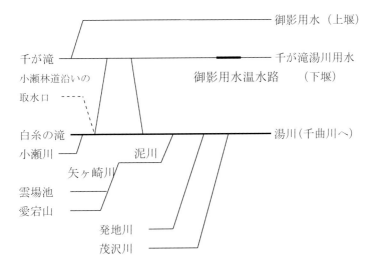

湯川の水は、小瀬川、矢ヶ崎川、泥川等の水を集めて千曲川に注いでいる。

　矢ヶ崎川の源流の一つである雲場池の水源は、大名や明治天皇が使用した鹿島の森ホテル敷地内にある湧き水（御膳水）である。泥川は、タリアセンのイングリッシュ・ローズガーデンの横を流れている川である。

　千が滝の水は、上堰として御影新田や岩村田で農業用水として使用されている。湯川の水は、星野から小瀬林道を約 1200m 小瀬に向かった辺りの取水口で一部が分岐されて、千が滝湯川用水（下堰）として御影新田や岩村田で農業用水としても使用されている。上堰の水と下堰の水は、分去から約 1.7km 小諸方面に行った辺りで合流している。

　軽井沢の水は、浅間山の伏流水であるので農業用水としては冷たすぎる。そこで上堰と下堰が合流する少し手前の下堰部分に、水温を農業用水として適切な温度に暖めるための温水路がある。

　温水路の詳細は、6．6項の「御影用水温水路と御影陣屋代官宿所資料館」の項に示す。

4．2　濁川系

　濁川の第１水源はお歯黒池であり、その下流に血の池、赤滝（血の滝）がある。濁川を流れる湧き水は、鉄分を多く含むために酸化して茶色の水である。

　日本の写真界の草分けである、日下部金兵衛（くさかべきんべい）が明治初期に撮影した中山道アルバムの中に、赤滝の脇に修行中の行者が立っている写真が残されている。

　この水系は、佐久市内（佐久平駅の南西）で湯川に合流した後に千曲川に注いでいる。

5．軽井沢の鉄道

5．1　上野〜横川間の開通
1872年に新橋〜横浜間の開通により、鉄道に対する国民の期待は大きくなり1885年に上野〜横川間が開通した。

しかし、横川〜軽井沢間には急峻な碓氷峠があるので取りあえず横川駅までとなった。

5．2　横川〜軽井沢間の馬車鉄道
当時、碓氷峠を越える鉄道技術がなかったので、1887年から横川〜軽井沢間に馬車鉄道が走った。ルートは、1884年に開通した碓氷新国道から中山道経由で軽井沢に入った。

レールの間隔は、1尺6寸（約48cm）であった。

1日4往復で、途中で馬の交換をしたが2時間30分かかった。

5．3　軽井沢〜直江津間の開通
軽井沢〜直江津間は、1888年に開通した。1日3往復で、長野まで約3時間であった。

軽井沢〜直江津間開通の翌年（1889年）には、軽井沢駅の年間乗降客が116万人（3,252人／日）と想像絶する混雑である。物資の運搬や善光寺参りが多かったのかと思う。

軽井沢駅前には、旅館、運送業者、商店が建ち並んで賑やかになり、駅周辺は新軽井沢と呼ばれるようになった。

5．4　アプト式鉄道の開通
碓氷峠を鉄道で越えるのは、当時難題であった。

鉄道院の技師がヨーロッパに渡って調査した結果、スイスやドイツの山岳鉄道で使用されているのと同じアプト式歯状軌道（ラックレール）方式を、碓氷峠越えに採用することになった。

　アプト式とは、レールとレールの間にラックレールと呼ばれる特殊な歯型のレールを設置し、機関車の下部に取付けた歯車とラックレールを嚙合わせて急勾配を滑らずに上り下りする鉄道システムである。

　この方式により、横川駅（386m）と軽井沢駅（939m）間の列車が行き来が可能となった。

　アプト式鉄道は単線であったが、横川駅と軽井沢駅の中間に「熊ノ平駅」があり、ここで上り下りの列車がすれ違いを行った。

　横川〜軽井沢間のアプト式鉄道は、隧道 26 ヵ所、橋梁 18 ヵ所の難工事で 500 人余の犠牲者を出して 1893 年に開通し、上野〜直江津間が鉄道で結ばれた。

　アプト式区間は、当初は蒸気機関車で 1 日 4 往復で、所要時間は 75 分であった。

　アプト式鉄道の開通により、横川〜軽井沢間は便利になったが、蒸気機関車の牽引力不足と煤煙が問題となった。

　もうもうと煙を吐く力の弱い蒸気機関車に牽引された列車は、碓氷峠を時速 9km で登った。トンネルは 26 ヵ所あったが、トンネルでは煙突と同じように、煙は下から上に流れるので、列車が軽井沢方向に進むときは、蒸気機関車と客車は長時間にわたって煙にまかれ、乗員、乗客の中には気を失ったり血を吐いたりする人が出た。また、冬期には蒸気機関車が最後のトンネルを抜けて軽井沢に入ると周囲の温度が急激に下がり、一冬に数人の機関士が気を失ったという。

　そこで 26 のトンネルのうち、長い 20 のトンネルについては、蒸気機関車に牽引される列車が横川側からトンネルに入ると、隧道番が横川側のトンネルの入口を煤煙防止幕（カーテン）で塞い

で、トンネルへの空気の流入を遮断するという操作を手動で行い煙対策としては成果を上げた。しかし、この原始的な操作は根本的な解決策ではないので、1909年に電化工事がはじまった。

まず、横川に火力発電所を作り、丸山と矢ヶ崎の変電所に送電した。トンネル内には架線を張れないので、レールの脇に新たに電源ラインを敷設した。そして、1912年に電化は完成しドイツ製の電気機関車が運転され、煤煙による苦しみは解決し、所要時間は42分～49分に短縮された。

歯が摩滅したアプト式鉄道のラックレール、ラックレールを付加したレールに乗ったドイツ製の1000型電気機関車、および当時の写真等が軽井沢駅舎記念館(1910年築で2階に貴賓室を備え当時珍しい洋風駅舎であり、経産省近代化遺産に認定されている)に展示されている。

よく写真に出てくる「めがね橋」はアプト式鉄道で最も長い第3橋梁であるが、現在は遊歩道として整備されている。

当時、軽井沢駅前に追分の脇本陣油屋が旅館「清響館油屋」を開店したが、軽井沢駅でのアプト式機関車の付替作業に時間がかかることに目を付けて、軽井沢駅で駅弁を販売したところ、これがよく売れたという。

なお、旧道のテニスコートの向かい側にあるユニオン・チャーチは、アプト式鉄道敷設のために来日した外国人技術者のクラブハウスを移築したものである。献堂式は1906年に行われ、その後1918年にヴォーリズが改築している。

ユニオン・チャーチでは、現在でも日曜日に礼拝が行われているが、「軽井沢にこんなに大勢の欧米人がいたの！」とビックリするほど多くの欧米人が集まっている。

ラックレール(中央のギザギザの部分)

ドイツ製の電気機関車

5.5 アプト式鉄道の廃止（上野〜長野間全面電化）

時代が進むにつれてアプト式鉄道は信越線のネックになり、1963年に70年間続いたアプト式鉄道は廃止となり、上野〜長野間は全面電化されて「第1信州」が走った。

さらに1966年には、完全複線化して特急「あさま」が特殊電気機関車EF63に後押しされて走り、横川〜軽井沢間の所要時間は18分に短縮された。

EF63も軽井沢駅舎記念館で見ることができる。

1970年には、軽井沢専用のノンストップ列車「そよかぜ」が中軽井沢まで走った。

特急「あさま」を後押しした電気機関車（EF63）

信越線の全面電化後の列車プレート（軽井沢駅舎記念館蔵）

5．6　新幹線としなの鉄道

　1997 年の新幹線開通に伴い、軽井沢〜篠ノ井間は「しなの鉄道」に変わった。東京から軽井沢は、約 1 時間 10 分の近さになったが、信越線の廃止で地元の人は不便になった。

5．7　草軽電鉄

　草津の温泉は昔から有名であったが、温泉客は沓掛から草津までの 40km の道のりを徒歩か馬で行くしか方法がなかった。

　そこで、上野から軽井沢を経由して直江津までの鉄道が開通したのをきっかけに、草津温泉の有力者から草津温泉行きの軽便鉄道敷設の申請がなされた。

　軽便鉄道とは当時存在した「軽便鉄道法」によって規定される、

簡易的な鉄道でありレールの幅は 2 フィート 6 インチ（762mm）であった。

　JR 在来線のレール幅は 3 フィート 6 インチ（1067mm）であるので、軽便鉄道は小型の電車である。なお、軽便鉄道法は、現在は存在しない。

　草津温泉の玄関口であった沓掛駅を起点として、草津に至るルートが沓掛側から要望されたが、最終的には軽井沢駅発で旧軽井沢、三笠と進み、そこから西側に曲がって鶴留を経由し離山の北側を迂回して、小瀬温泉を経て草津に向かうことになった。

　1915 年に軽井沢駅～小瀬温泉駅間が開通し、ドイツ製の蒸気機関車で営業が開始した。その後、小瀬温泉駅～吾妻駅間、引続き嬬恋村まで延長し、1926 年に軽井沢駅～草津駅間が開通した。

草軽電車が走った三笠通り

軽井沢駅〜草津間は直線距離で 33km であるが、鶴留への迂回、経費節減のためにトンネルを掘らず等高線に沿うように、くねくねと走行した等の理由で、全長 55.5km となり所要時間は 3 時間 10 分程度になった。

　蒸気機関車の運用では、煙突からの火の粉が原因で火事が起きたこともあり 1926 年に全面電化された。電気機関車は、アメリカ製で鉱山用のトロッコを改造した物であったという。

　その電気機関車は、軽井沢駅舎記念館前に展示されているが、異常にパンタグラフが長く、カブトムシ似ていることから「カブトムシ電車」と呼ばれた。

　草軽電鉄の路線にはトンネルはないが、何であれほどパンタグラフが長いのか理由が知りたいところである。

　草軽電車は、「四千尺の高原列車」というキャッチフレーズで大いに利用され、営業成績は順調に伸び北軽井沢方面に別荘が増えだした。その当時、6 月の北軽井沢周辺はカッコーが鳴き、スズランが一面に咲いて綺麗だったという。

　しかし、JR 吾妻線の開通と道路の整備等により利用客は減少し、そして台風による吾妻川の鉄橋流失等により 47 年間親しまれた草軽電鉄は 1962 年に廃止された。

　この間、社名は草軽軽便鉄道→草軽電気鉄道→草軽電鉄と変更されている。

　鉄道作家の宮脇俊三さんが 1992 年に初版を発行した、『失われた鉄道を求めて』と題する廃線になった各地の軽便鉄道を巡る旅行記の中に、草軽電鉄の廃線後の路線跡を探訪する話が紹介されている。

　一般的には、廃線になった鉄道軌道は道路にかわって、その痕跡を残しているそうであるが、草軽電鉄の場合は小瀬温泉〜長日向間および国境平から先は、宮脇さんが探訪した時点で路線跡は既に森林に変わっており、痕跡が分からなくなっているという。

草軽電鉄のプレート（軽井沢駅舎記念館蔵）

旧軽井沢のロータリーから三笠に向かう2本の綺麗な道路のうち、高くなっている西側の道が草軽電鉄が走っていた道である。

5．8　鉄道ダイヤで見る上野〜軽井沢間の所要時間の変遷

上野から軽井沢への列車は、アプト式鉄道時代、信越線時代を経て長野新幹線の時代となり、軽井沢が別荘地として再出発した頃には考えられないほどの短時間で、また快適に往復できるようになった。

上野〜軽井沢間列車の所要時間の変遷を、電化後のアプト式鉄道時代（1947）、アプト式鉄道廃止（1963）後の信越線時代、および新幹線時代について表に示して比較する。

1963年から30数年続いた信越線時代に、日本は高度成長を遂

げて列車のスピードアップが図られているので、信越線時代については 1968 年 10 月と 1996 年 12 月のダイヤを示す。ここで 1968 年以外は軽井沢発の時刻である。

アプト式鉄道時代および信越線時代は、軽井沢駅で電気機関車の着脱作業があるので、その作業時間を 5 分と仮定して所要時間（参考）を示した。

アプト式鉄道（電化後）の所要時間に比べて、現在は 1/4 以下の時間で軽井沢に来られるようになったのである。

なお、新幹線時代になって始発駅は東京駅になったが、信越線時代までは上野駅が始発駅であった。

上野～軽井沢間の所要時間の変遷

	アプト式時代 電化後 昭和22年6月 1947.6のダイヤ	信越線時代		新幹線時代
		昭和43年10月 1968.10のダイヤ	平成8年12月 1996.12のダイヤ	平成22年12月 2010.12のダイヤ
東京発	──	──		6:24
上野発	6:25	7:54	7:00	6:30
高崎着	8:58			7:15
高崎発	9:06	9:19	8:09	7:16
横川発	10:15	10:06		──
軽井沢着	(11:03)	10:24	(8:53)	(7:31)
軽井沢発	11:08	10:29	8:58	7:33
行き先	長野	中軽井沢	直江津	長野
上野～軽井沢間の所要時間(参考)	4時間38分 蒸気機関車の時は、横川～軽井沢間は75分	2時間30分 軽井沢53号	1時間53分 あさま1号	1時間1分 あさま501号

60　　5．軽井沢の鉄道

6. 軽井沢とその周辺の見所

6.1 軽井沢ショー祭

軽井沢ショー祭実行委員会、軽井沢観光協会、軽井沢商工会議所、軽井沢青年会議所、軽井沢ナショナルトラスト等が主催して軽井沢に対する宣教師ショーの功績を称え、感謝する町民祭が「軽井沢ショー祭」である。

ショー祭は、2000年から毎年8月1日に日本聖公会ショー記念礼拝堂の庭で行われている。2011年は、第12回のショー祭が町長をはじめ町の名士、重鎮、教会関係者、報道関係者、町民、観光客等の約150名が集まって行われた。ショーが軽井沢に来て

軽井沢ショー祭

125年目にふさわしい盛大なショー祭であった。

 最初にボーイスカウトがカナダ、日本、イギリスの国旗を持って入場し、アメイジング・グレイスの合唱、日本聖公会主教の挨拶とお祈り、町長の挨拶等の後にショーの胸像に献花を行った。

 花は、一般町民、参加者の分まで用意されており、参加者は一輪ずつ献花を行った。ショーの業績を末永く語り継ぎ、軽井沢ショー祭も長く続いて欲しいものである。

6．2　万平ホテル

 軽井沢のランドマークとも言える万平ホテルは、ディクソンとショーと深い関係がある。

 1886年にディクソンとショーが初めて軽井沢を訪れた時、宿泊したのが亀屋（後の万平ホテル）であり、当時は現在の郵便局の所にあった。

 当時は宿場制度の終焉によって軽井沢は寂れた旧宿場町となり、亀屋をはじめ軽井沢の宿に泊まる客は少なかった。萬平は不振の家業を離れて、県庁で仕事をしていたが、1887年にディクソンが破格の代金で一夏を過ごしてくれたこと、また毎夏に軽井沢に来ると言うことで、今後は再び旅館は見込みがあると考えて、県庁を辞めて家業に戻った。

 以後、ディクソンは次の赴任地へ異動するまで5年間、亀屋の離れで夏を過ごし、またショーから軽井沢での避暑を勧められた多くの欧米人が亀屋に逗留し亀屋は繁盛した。

 そしてディクソンは萬平の養子になった国三郎に、西洋事情とホテルについて啓蒙した。

 ディクソンが日本を去る頃には、欧米人客はますます増え4部屋を増築する繁盛ぶりであった。この頃、国三郎はショーが東京に開設した聖アンデレ教会に身を置き、その後伝道師になっていた。

1895 年に亀屋は客室 13、浴室 3 の洋式ホテルへと改装を行い、「万平ホテル」と名前を変えた。その後、万平ホテルの斜向かいの旧軽井沢宿本陣が日本庭園を生かして洋風の「軽井沢ホテル」を開業したため、万平ホテルは桜の沢（現在地）の 2 万坪の土地に移り純洋風ホテル新築した。

　万平ホテルが有名になると国三郎は伝道師から家業に戻り、「萬平」を襲名してホテル事業の拡大を行い、熱海伊豆山に「熱海万平ホテル」、東京、名古屋にもホテルを開業した。

　業績は好調で、1936 年にはドイツから帰朝した久米権九郎に設計を依頼して、本館を新設した。これが現在の本館であり、経産省の近代化産業遺産になっている。

万平ホテル

6.3 三笠ホテル

三笠ホテルは、少壮の実業家であった山本直良（37才）が1906年に開業した純西洋式木造ホテルである。設計は東京駅を設計した辰野金吾の指導を受けた岡田時太郎、施工は軽井沢一の棟梁であった小林代造、監督は佐藤萬平であり全て日本人によって作られた。

非常に凝った作り・高級な設備であり、各部屋に暖房、イギリス製のバス、トイレが付いている。また、イギリスから取り寄せた食器や有島生馬画伯が絵付をした食器が使用された。

当時、「軽井沢の鹿鳴館」と言われ、政財界を代表する人々や上流階級のパーティーが連日のように行われたという。

戦後は米軍に接収されるなど、いろいろな変遷をたどったが

三笠ホテル

最終的には軽井沢町に寄贈され、元の場所から少し離れた所に移築され公開されている。移築後の規模は、当時の 2/3 くらいになっている様である。1980 年に、国の重要文化財に指定された。

6．4 白糸の滝と鬼押出し

軽井沢付近の典型的な名勝は、「白糸の滝」である。峰の茶屋と三笠の中間付近にある幅 70m、高さ 3m の滝で白い糸の様に流れ落ちる水には日本的な美しさがある。滝の上に川や池はなく、地層の間から湧き出てくる伏流水がカーテンの様な滝となって落ちてくる。

伏流水であるので、年間を通して水温はほとんど一定であるため、厳冬期においても滝の水は凍結しないが、周囲の温度は氷点

白糸の滝

下であるので、滝から流れる水からは温泉のように蒸気が上がっている。

この水が湯川の源流であり、多くの小さな川が湯川に合流した後に千曲川を経て、信濃川につながって日本海へ注がれる。

もう一つの名勝は、「鬼押出し」である。峰の茶屋から気持ちの良い「鬼押出しハイウエイ」で六里ヶ原を過ぎると「鬼押出し」である。「鬼押出し」のごつごつした奇岩は、1783 年の天明の噴火の時に、浅間山から流れ出した溶岩であり、他では見ることができない景観である。

天明の噴火で、この辺り一帯の家、樹木、草は全滅したので、現在生えている樹木は噴火以降に生えた植物である。

鬼押出しの裏参道を浅間山観音堂の方に進むと、溶岩の小さな洞窟の中に「ヒカリゴケ」がある。ヒカリゴケは、それ自体では発光しないが、太陽光を反射して蛍光色のような緑色に光る珍しい苔である。

ヒカリゴケは、1910 年に岩村田の中学校（旧制野沢中学、現在は野沢北高校）の生徒が通学途中に岩村田の洞窟の中で見たことがない苔を発見し、旧制野沢中学の先生が東京帝国大学の教授に、その苔の鑑定を依頼したところ、それがヒカリゴケと判定されて日本で最初の発見となった。

岩村田のヒカリゴケは天然記念物であり、また準絶滅危惧類に指定されている。

なお、ヒカリゴケは日本および外国において、寒い地域の洞窟や倒木の陰等の湿気の多いところに分布している。

6．5　千が滝と千が滝せせらぎの道

千が滝地区の名前の由来となっている千が滝は、セゾン美術館から約 2.5km 北方向にある。以前は、西武デパート夏の店（現在は閉鎖）の横から、片道約 1.5 時間の細い道があったが、土砂崩

れで閉鎖されてしまった。

その後、1999 年に「千が滝せせらぎの道」が整備され、最寄りの駐車場から約 30 分の歩きで楽に行けるようになった。千が滝の約 800m 上流にある湧き水が水源である。

滝の落差は、軽井沢で一番大きく約 20m である。滝の水は、御影新田、岩村田の水田に供給されているので、滝の水が枯れないことを願う「千が滝不動尊」が滝の脇に祭られており、石碑の裏面には御影用水のいわれが記されている。

千が滝

６．６　御影用水温水路と御影陣屋代官宿所資料館

1600 年に関ヶ原の戦が終わり、世情が安定期に入ると小諸藩では蓼科山系から農業用水を引いて、五郎兵衛新田、八重原新田等の開発に着手した。

一方、小諸藩の郷士である柏木小右衛門は、千が滝と湯川の水を農業用水として御影に引くことを決意した。

千が滝からの水路は上堰、湯川から分流した水路は下堰と呼ばれ両者は、ほぼ並行して等高線に沿う形でくねくねとした経路をたどって御影に到達した。

この経路は火山灰土であるので真綿を詰め込んで漏水を止め、また深い沢を迂回し、入り組んだ地形の中で高低差を測量するなど多くの苦労を重ねて、上堰を 1650 年、下堰を 1654 年に完成させた。今でも千が滝西区に、真綿を詰め込んだ場所として綿埋（わとうづみ）と言われる所があるという。

星野から小瀬に至る小瀬林道は湯川に沿っているが、小瀬林道の途中に下堰用の取水口を作り、ここから湯川の水の一部を分流したが、現在でも当時の取水口跡が確認できるという。

上堰は 28km、下堰は 36km の難工事であったが用水路の完成により、それまでは雑草が背丈より高く生い茂る御影の荒れ地を、御影新田として稲作ができる農地に変えることに成功した。

この用水路によって御影新田の米作が順調に進むと、幕府は御影新田を幕府直轄地（天領）とし、御影には陣屋が置かれ代官が派遣されてきた。

柏木家の第 11 代当主の柏木易之さんは、御影陣屋代官宿所資料館の館主として、御影陣屋代官宿所跡を公開している。

また、御影陣屋代官宿所資料館の向かいに、小諸市立御影用水資料館があるが開館時間が限定されているので、小諸市教育委員会に確認してから訪れるのがよい。

御影陣屋代官宿所資料館の周辺から、浅間山を背景とした御影新田の風景は素晴らしい。御影新田からの浅間山の眺めは、浅間山展望地点ベスト3の一つである。

浅間山を背景とした御影新田

　時代は下って、昭和30年代〜40年代の米増産が促進された時期に、柏木小右衛門が作った旧来の用水路の大規模改修と新設が行われた。
　下堰の水源となる湯川からの新しい取水口は、1650年代の取水口の近くに作られ、そこで分流された湯川の水は星野温泉を経由して御影新田に至っている。
　星野温泉では、1917年から湯川の水を使用した水力発電が行われており、現在3つの自家用水力発電所を所有している。

そのうちの1つの発電所は、下堰に供給される湯川の水で運用されている。

　原発事故が起こると、クリーン・エネルギーを強調して住宅で太陽光発電を行い、スマート・メータを設置して電力収支管理する考えが突然言われ出した。しかし、太陽光発電とスマート・メータ方式は、温室効果ガスを出さないと言う点からはクリーンであるが、これらを制御する電気回路や制御信号の授受（高速電力線搬送通信）によって不要電波が輻射されるので、電磁界的にはダーティーな手段である。

　太陽光発電、スマート・メータ等が広く使用されるようになると、遙か彼方の星からの微弱な電波を受信して研究するする電波天文学、微弱な電波で通信を行うアマチュア無線通信等が甚大な被害を被ることが一般には知らされず、利点だけが強調されている風潮は非常に遺憾である。

　一方、株式会社 星野リゾートは自家用の水力発電装置を使用して、真にクリーンなエネルギーを合計 225kw 発電し、長年にわたって軽井沢の環境を守っていることは高く賞賛されることである。

　多くの人々の努力で、現在も御影新田に農業用水が安定に供給されているが、千が滝と湯川から流れてくる水は浅間山の伏流水であるため冷たく、水田には不向きであるので下堰の一部に、長さ約 1km、幅 20m、深さ数 cm の水路を造り、そこにゆっくりと水を流すことによって水温を3℃～4℃上昇させて水田に注ぐ様になっている。

　これが千が滝湯川用水温水路（御影用水温水路）である。この温水路の景観は、ヨーロッパ的で日本には珍しい風景である。四季それぞれに違った美しさがあり、用水路の側道は気持ちの良い散歩道であるが、この場所を知っている人は少ない。

御影用水温水路

　下流側から見た御影用水温水路であるが、ほとんど水の動きが感じられないほどゆっくりと流れている。

6.7 1000m林道と木洩れ日の道

　1000m 林道は、千が滝西区の周回道路から標高約 1000m の所を小諸の方向へ延びている。

　林の中を抜ける細い道であるが、夏期の国道混雑時に浅間サンライン、鶴留の道とセットで便利な抜け道である。これらの道を利用すると小諸から旧軽井沢まで、渋滞せずに行くことができる。

　「木洩れ日の道」は、私が勝手に命名した名前であるが、軽井沢側から 1000m 林道に入ってしばらく行った所に、木洩れ日が美しい所がある。特に夏の快晴の日が綺麗である。

1000m林道にある木洩れ日の道

6.8 碓氷峠と見晴台

中山道の碓氷峠には、「峠の力餅と蕎」の店である見晴亭をはじめ数軒の茶店と熊野神社がある。この近くの長野県と群馬県の県境には、戦国時代には狼煙台があったサンセット・ポイントとも呼ばれる見晴台があり、軽井沢の観光スポットの一つとなっている。

見晴台の片隅には、1913年にアジア初のノーベル賞（文学賞）を受賞したインドの詩人であり思想家であるタゴール（1862～1941）の像がある。タゴールは、1916年に来日して日本女子大学で講演を行い、その後軽井沢の日本女子大学寮（三泉寮）に滞在して学生達に指導を行った。見晴台の像は、タゴール生誕120年を記念して建てられたという。

見晴台は、以前は旧道にあった「近藤長屋」の持ち主で、名古屋の豪商であった近藤友右衛門が1920年頃に個人的に整備したのである。現在は町に寄贈されており、雄大な眺めを楽しむことができる。

群馬県側から標高差約1200mを吹き上げてきた湿度の高い暖かい空気は、碓氷峠で冷やされて空気中に含有していた水蒸気を霧として放出して、乾燥した軽井沢特有の気持ちの良い空気に変わるのである。見晴亭でトロロ蕎麦を食べていると、それまで晴れていたのがあっという間に霧に包まれて、数m先しか見えなくなることがある。

見晴亭と道路を挟んだ駐車場の隅に、「みくにふみの碑」が建っている。この碑は「一つ家の歌碑」と同様に珍しい数字歌碑である。文字は風化して、ほとんど読めないが歌の言葉は、「四四八四四　七二八億十百　三九二二三　四九十　四万万四　二三四万六一十」と書かれていると言う。

これを解読するのは難しいが、「よしやよし　何は置くとも　み国書（みくにふみ）　よくぞ読ままし　書読まむ人」と書かれて

いるとのことである。

　歌碑は峠の社家（世襲神職の家筋）に伝えられた古い物らしいが、昭和30年代に現在地に移設したと言われており、石碑上の文字は見えないほどに風化している。

　熊野神社は、昔し神仏混淆であったので境内に神宮寺があったが、1700年代に神宮寺は、現在の軽井沢旧道に移転したと言われている。

碓氷峠の茶店（見晴亭）

6.9 海野宿

　軽井沢から少し離れるが、追分からはじまる北国街道の 3 番目の宿場であった海野宿は、650m にわたって当時の宿場町の景観を残しており「日本の道・百選」に選ばれ、また「重要伝統的建物群保存地区」にも指定されている。

　北国街道は、北陸の諸大名の参勤交代、長野の善光寺参拝、そして佐渡島の金の江戸への輸送路等として、江戸時代の重要な交通路であった。

　このような状況で海野宿は江戸時代にはにぎわったが、明治時代になると宿場の必要性がなくなり寂れてしまった。

　そこで、海野宿の人達は旅籠屋の広い部屋を利用し、大屋根の上に「気抜き」呼ばれる小屋根を取付けて養蚕業に転向した。旅籠の旧客室を蚕室にして、室内の保温のために火を焚いたので、換気のために「気抜き」が必要であった。「気抜き」は、旧旅籠の建物とマッチングして違和感はない。

　養蚕業は、明治〜大正期に最盛期を迎えたが、その後は衰退してしまった。

　現在、海野宿は北国街道の町並みを伝える観光の町として生きている。

　海野宿の特徴は、「うだつ」と「海野格子」がある宿場時代の建物が、そのまま北国街道に残されていることである。
「うだつ」には、「本うだつ」と「袖うだつ」がある。「本うだつ」は、江戸時代に作られ 2 階の屋根の部分が道の方へ迫り出した防火壁であり、宿場の町並みは隣同士が接近していたので、「本うだつ」は延焼を止める目的で作られた。

　一方、明治時代に作られた「袖うだつ」は、1 階の屋根から道の方へ迫り出した装飾用の壁で、その上に鯱が飾られた物もある。「袖うだつ」は、裕福な家であることを示すステイタス・シンボルであるので、これが「うだつが上がらない」という言葉の原語

になっている。

また、長短2本ずつの棒を組み合わせた「海野格子」は、見た目が美しく、これも海野宿の旅籠の特徴である。

街道にある海野宿資料館で、当時の旅籠の様子を知ることができる。海野宿資料館は、明治時代は養蚕用に使用されていたが、現在は「気抜き」を取り外(取り外した「気抜き」は庭に展示)して、旅籠状態に戻してある。

タイミングがよいと、庭の建屋の中で蚕が桑の葉を食べているところを見ることができる。

海野宿

手前が「袖うだつ」、奥が「本うだつ」である。道の脇に、用水が流れている。

6．10　大塚酒造

　軽井沢在住のミステリー作家である内田康夫さんの作品の中に、小諸の大塚酒造という地酒屋が登場する話がある。

　大塚酒造で見学を申し込むと、酒粕の匂いが充満した木造の古い建屋に案内してくれた。大きなタンクが並んでいるが、時季外れのためか作業は行われていない。

　2階は倉庫兼展示室になっていて、昔の酒作りの道具、米を蒸す大釜、木製の大樽を利用したテーブルの他に、徳利、お燗道具、お猪口等が展示してある。

　面白いのは、片側に熱い湯と徳利を入れてお燗をし、もう片側は湯豆腐を入れるように中央が仕切られた昔の木製の浴槽を小型にしたようなお燗道具、サイコロと各種のお猪口である。お猪口には、特大、大、中、小があったり、底に穴が空いていて手を離すと酒がこぼれてしまもの、底が尖っていて机に置くと倒れてしまうもの等遊び心満点である。

　昔は、このお燗道具を野外に持ち出し、サイコロを振って指示されたお猪口を使用してお酒を楽しんだという。底に穴が空いていたり、底が尖っているお猪口は、一気に飲まなければいけない、特大お猪口は飲むのが大変という具合で、サイコロを振り、湯豆腐を食べて酒盛りを楽しんだのだろう。

　大塚酒造は江戸時代から続く地酒屋で、銘柄は、「浅間嶽」と言い、大吟醸、吟醸酒、純米酒、にごり酒等各種揃っているが、小諸でしか購入できない。

　にごり酒は、島崎藤村が「千曲川旅情の歌」で、「にごり酒にごれる　飲みて　草まくら　しばしなぐさむ」と歌った、そのにごり酒であり酒粕を分離する前の、もろみが入って白く濁った状態の酒であり、製品としては一番最初の工程でできる。

　7月下旬頃になると、板状の酒粕ではなく味噌状の練り粕が販売される。

この練り粕は、板状の酒粕に焼酎を加えて約半年間寝かし、醗酵させて作るらしいが、板状の酒粕とは比べものにならないくらいお酒の香りがする。

　長野の人は旧盆明けに、練り粕に瓜を漬ける習慣があるようであるが、大根、セロリ、キュウリ、ニンジン等に塩を塗りつけて1〜2日漬けたり、スライスしたキュウリ、大根等に塩を加えて和えても美味しい。和えた時は、直ぐに食べられる。もちろん、粕汁にしたり、魚や肉を漬けてもよい。

　大塚酒造の人からは、塩が付いたリッツ・クラッカーに練り粕を乗せて食べるのも美味しいと教わったが、これも美味しい。

大塚酒造の展示品

6.11 アプト式鉄道の第三橋梁（めがね橋）

　明治のはじめに碓氷新国道として敷設された旧 18 号線を、軽井沢側から横川へ向かって下りる。この道は舗装はされているが左右に激しく蛇行し、直線部分がほとんどない道であり、運転していても酔って気持ちが悪くなるような悪路である。

　約 150 回蛇行を繰り返した所に、「めがね橋駐車場」があり、そこから整備された歩道を歩くと突然「めがね橋」が見えてくる。

　この橋は長さ約 91m、高さ約 31m で碓氷川にかかるアプト式鉄道最長のレンガ造りの 4 連アーチ橋であり、「めがね橋」と呼ばれている。めがね橋はローマ時代の水道橋を思わせる堂々とした立派な建造物であり、1993 年に国の重要文化財に指定された。以前アプト式鉄道が走った橋の上は、遊歩道として整備されてお

アプト式鉄道・第三橋梁（めがね橋）

り、橋からの景色は山また山であり、険しい山の中をアプト式鉄道が走っていたことが分かる。

　北側には、既に廃線になった信越線の鉄橋が遠くに見える。信越線時代に、気をつけていれば車窓から一瞬めがね橋が見えたはずであるが、見ずに終わってしまった。

廃線になった信越線の鉄橋（めがね橋から望む）

　このような厳しい立地条件にかかわらず、2年足らずでこの難事業を完遂させた当時の関係者に敬意を表したい。また安全管理が厳しくない時代であったので、500人以上の犠牲をもって完成した鉄道路線であることも忘れてはならない。

　アプト式の隧道（トンネル）、橋梁（橋）は全てレンガ積みである。

レンガの積み方には、イギリス積み、長手積み、フランス積み（フランドル積み）、小口積みなどがある。レンガのつなぎ目が垂直に通ると機械的に弱いので、いずれも縦につなぎ目が繋がらないように、積み方に工夫が凝らされている。

　アプト式鉄道の橋梁とトンネル工事は、イギリス人の鉄道技師ポウナルの主導で行われたので、トンネルの側壁、橋の橋脚、丸山変電所等のレンガはイギリス積みである。

　富岡の製糸場は、フランス人技師ブリュナの主導で作られたのでフランス積みである。

　なお横浜の赤レンガ倉庫、琵琶湖疎水のうち京都の南禅寺にある水路閣等はイギリス積みである。一方、川越市にある川越キリスト教会、池袋の立教大学のレンガ造りの建物群等はフランス積みである。どちらの方式でも強度に差異はないらしいが、日本ではイギリス積みが多い。

　積み方の特徴を覚えておくと、レンガづくりの古い建造物を見たときにレンガ積みの立派な橋だ、レンガ積みの大きな建物だ、で終わらないで見るのが楽しくなる。以下に、各積み方の特徴を示す。

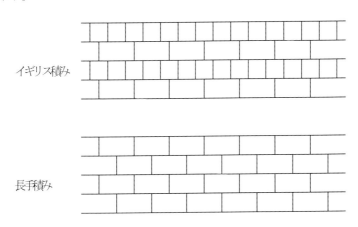

6.11　アプト式鉄道の第三橋梁（めがね橋）

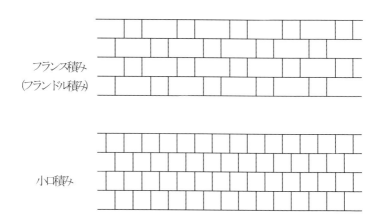

次に鉄道線路の勾配について説明する。
鉄道線路の勾配を示す単位としてパーミルという単位が使用されている。この単位で表現すると、碓氷峠のアプト式鉄道の一番急峻な所は66.7パーミルである。

パーミルとは、100分率（％）ではなく、1000分率（‰）のことであり、66.7パーミルは1000m移動して66.7m登るか、下るかの勾配を表している。これを角度に直すと3.82°となる。

碓氷峠のアプト式鉄道路線の66.7‰は、日本最高の急勾配ではなく箱根登山鉄道の勾配は80‰（4.58°）、大井川鐵道井川線の「アプトいちしろ～長島ダム」間は90‰（5.14°）である。

箱根登山鉄道は、スイッチバック方式で急坂を運行している。大井川鐵道井川線は南アルプスにあり、アプトいちしろ駅～長島ダム駅間の1.5km／90‰の急坂をアプト式で運行している。料金は片道150円である。

碓氷峠のアプト式鉄道の新技術は、開通当時に大きな評判になったようで、「汽笛一声新橋を～」で知られる鉄道唱歌の第四集の北陸編の19番目と20番目に次のように歌われている。

19：これより音に聞きゐたる碓氷峠のアプト式、歯車つけておりのぼる仕掛けは外にたぐひなし
20：くゞるトンネル二十六ともし火うすく昼くらし　いづれば天うちはれて顔吹く風の心地よさ

6．12　富岡製糸場

　富岡製糸場は軽井沢からは少し離れるが、「富岡製糸場と絹産業遺産群」として世界遺産に認定された、一見の価値がある日本の近代化遺産である。また建造物群は、国宝、（国）重要文化財でもある。上信越道を富岡インターで下りて、一般道を 10 分くらい走ると富岡製糸場がある。富岡製糸場は、明治時代に日本の主たる輸出物であった生糸の品質向上と大量生産を目的として 1871 年 1 月に着工し、1872 年 10 月に約 400 人の工女達によって操業を開始した官営の生糸工場であった。1893 年に民間会社に払い下げられ、その後変遷があったが 1987 年まで生糸を作り続けた。現在は富岡市所有であり、当時の建物はほとんど保存されて一般に公開されている

　製糸場はフランス人の生糸検査技師であるブリュナ主導で建物を建て、日本人に適合するサイズの機械を輸入して造られた。

　そしてフランス人技能者（工女）が良質の生糸を製造する手法を日本人の工女に伝授して、フランス人達は 1875 年末には全員帰国し、以後は日本人によって製糸場の運営が行われた。

　日本人工女達は 1 年～2 年間で技術を習得し、その後は日本各地に建てられた生糸工場の指導者として活躍をした。

　その結果、ヨーロッパで繭の病気があったことも関係したが、日本は世界一高品質の生糸を最も大量に生産する国となり、日本の近代化に貢献した。

　製糸場の建物は、フランス人の主導により木材で造った骨組みの間にレンガを積む「木骨煉瓦造り」と呼ばれる工法で造られた。

レンガの積み方は、フランス（フランドル）積みであり、一方アプト式鉄道の第3橋梁（ねがね橋）をはじめとする橋梁、隧道（トンネル）はイギリス人のポウナルが主導したのでイギリス積みを採用しており、当時技術指導を行った国の特徴が現れていて、その対比が面白い。

　右下の写真は、アプト式鉄道の第4隧道の内壁であり、イギリス積みであることが分かる。

　軽井沢駅舎記念館の前に、草軽電鉄の電気機関車と並んで「軽井沢駅構内煉瓦サイロの碑」が展示してある。これはアプト式時代に、蒸気機関車用の水を貯蔵した建屋のレンガ壁の一部であり、このレンガの積み方もイギリス積みになっている。

富岡製糸場の建物の壁（フランス積み）

フランス積みの詳細

アプト式鉄道第四隧道(イギリス積み)

6.13 三五荘

　江戸時代末期に山梨県の塩山に建てられた民家を、1935年に南ケ丘に移築した、三五荘と呼ばれる国登録有形文化財になっている古民家がある。移築した年に因んで、三五荘と命名されたとのことである。

　敷地内には、堂々とした大きな古民家である三五荘の他に、南ケ丘美術館と綺麗に整備された庭がある。三五荘は南ケ丘の別荘地の中にあり目立たないためか、来訪者は少なくゆっくりと見学ができる。

　入口の土間を移築時に板張りにしてリビングルームのように改装したり、蚕室を来客用のベッドルームするなどの変更はあるが、基本的には江戸時代末期に塩山で建築した状態が保存されている。

　非常に太くしっかりとした柱や梁が使用されており、良質の木材の寿命の長さには驚かされる。また、室内に置かれている軽井沢彫りの家具は、1935年当時の製品と言うことで歴史の長さを感じさせる。

　綺麗な庭の中で私が一番気に入っているのは、桂並木である。軽井沢の観光用ポスターや軽井沢検定テキストの表紙に綺麗な桂並木が紹介されているが、あの桂並木は旧細川護立別荘内にあり、個人の敷地内であるので見ることができない。

　三五荘の桂並木は、約40mの長さで並木道の道幅は旧細川護立別荘より狭いが、旧細川護立別荘の桂並木に類似した美しい風景である

　この桂並木と三五荘は一見の価値があり、ほっとできる空間である。

三五荘の桂並木

6．14　旧中込学校

　新幹線の佐久平駅で小海線に乗り換えて小淵沢方向に向かい、3つ目の滑津と言う無人駅から徒歩で約5分の所に、国の重要文化財である旧中込学校がある。車ならば軽井沢から約30分であるが、小海線に乗ってゆっくりと訪ねてみるのも良い。

　旧中込学校は、1875年（明治8年）に地元の人々の寄付で建設された、現存する最も古い擬洋風建築学校の一つである。建物は壁を漆喰で仕上げた2階建で、木造のベランダ部分は白ペンキで仕上げられており白を基調としている。屋根の上には八角形の塔があり、塔の中には時を知らせる太鼓が吊されている。

　明治初期には、札幌の時計台のように建物の塔の部分に大きな時計を設置した例があるが、大きな屋外用の時計は輸入品であり高価であったので、旧中込学校では塔内に吊した太鼓で時を告げたのではないかと考えられる。なお安全上の観点からか、太鼓が吊されている塔の内部は公開されていない。

　掃除が行き届いた教室には、歴史の長さを感じさせる当時の教科書、机、椅子、オルガン、算盤等が展示されている。1階廊下の突き当たりの欄間と、2階廊下の突き当たりの壁には4色のステンドガラスがはめ込まれており、ガラス自体が珍しかった明治初期に擬洋風の学校建築に取り組んだ、棟梁の市川代治郎の意気込みが伝わってくる。保管状況が良好で、美しい建物である。

　中込学校は1919年まで小学校として使用され、その後は町役場や佐久市役所分室などに使用され、現在は「旧中込学校・資料館」として公開されている。

　佐久で生まれた棟梁（当時は棟梁＝設計者）の市川代治郎は、佐久で大工の修行を積み築地本願寺の建設に参画した後に、サンフランシスコに渡って洋風建築に触れた後に帰国して中込学校の建築を行った。立派な中込学校が完成したが、寄付を財源とした建築費が予算を超過したので故郷に居づらくなり、名古屋に移って

石鹸工場で成功するが 1891 年の濃尾地震で無一文になり、次は和歌山でのミカン酒の仕事が軌道に乗り始めた矢先に自宅の庭で倒れて急逝した。

旧中込学校

6．15　釜ヶ渕の甌穴（おうけつ）

軽井沢バイパスの鳥井原信号から発地方面に向かうと、油井という場所に湯川を越える橋がある。この橋の名前は「釜ヶ渕橋」

であり、橋の下付近が軽井沢町文化財（天然記念物）の甌穴（おうけつ）である。甌穴とは、川の中の岩石にできた円筒状の穴のことである。甌穴は、岩石の表面の弱い部分が渦巻く水流と水流に含まれる小さい岩石片によって、非常に長い時間をかけて削られてできたと考えられている。

　釜ヶ渕橋の脇に神社があり、そこから甌穴がある湯川まで階段がついている。水量が少ない時は岩の上を歩き回って観察できるが、水量が多いときは水が渦を巻いているので用心する必要がある。

　円筒状の穴がある岩や、側面が円弧状に綺麗に削られた大きな岩が沢山ある。水量が少ない時でも、水流が渦を巻いている所が数ヶ所あり、珍しい景観である。見に来る人はほとんどいないが、「寝覚ノ床」のミニチュア版という感じである。

釜ヶ渕の甌穴

6．16　上田駅にある大きな影絵

　北陸新幹線としなの鉄道の両方が停車する上田駅の「しなの鉄道待合室」に、私が敬愛する影絵作家の藤城清治さんの素晴らしい作品が展示されている。この影絵は新幹線の上田駅の建設を記念して、上田市が藤城さんに制作を依頼したと言う横5m、縦2.7mの大きな特注の影絵である。

　この藤城清治さんの大作は、ガラスにプリントして後ろから照明する方式の作品である。上田市に因んで別所温泉にある国宝の八角三重塔、真田家の家紋である六文銭、昔の合戦の様子等を配した賑やかな作品である。展示してある壁の袖壁が鏡になっており、作品が一層大きく見えて圧倒される感じである。

　なお別所温泉は上田電鉄別所線の終点にあり、信州の鎌倉とも言われている。ここには国宝の八角三重塔を有する安楽寺、善光寺を指向している北向観音堂等の神社仏閣が点在している。

6．17　北軽井沢と浅間大滝

　(旧) 草軽電鉄の (旧) 北軽井沢駅舎は有形文化財として保存されているが、この先に浅間大滝と魚止の滝がある。浅間大滝の落差は小さいが、水量が豊富でダイナミックな滝である。滝の間近まで行って見物することができる。浅間大滝の下流にある魚止の滝は、大きな岩の上を水が滑る様に流れる優美な滝である。また浅間大滝から魚止の滝に至る流れ周辺の紅葉は美しい。これらの滝は知名度が低いためか見物人は少なく、「熊の出没注意」の看板が建っており、いつもビクビクしながら写真を撮っている。

　白糸の滝と浅間大滝間の直線距離は4.4kmであり、この間に浅間牧場がある。浅間大滝の水は熊川→吾妻川→利根川を経て太平洋に注ぐが、白糸の滝の水は湯川→千曲川→信濃川を経て日本海に注いでいる。従って白糸の滝と浅間大滝の間が、この辺りの分水嶺になっていることが分かる。

しなの鉄道の上田駅にある藤城清治さんの作品

浅間大滝

浅間大滝から魚止の滝に至る流れ（古田徳司氏撮影）

魚止の滝

7．皇女和宮の降嫁

　欧米が日本へ開港を要求し始めた頃、国内は尊皇攘夷、公武合体対策等で混乱していた。この時期に朝幕関係修復を画策して、幕府側から仁孝天皇の第 8 皇女である和宮親子内親王（1846 〜 1883）が第 14 代将軍・徳川家茂（1846 〜 1866）に降嫁する要望が出された。

　皇女が武家に降嫁した例はなく議論・工作が延々と続いたようであるが、降嫁が決定して 1861 年 10 月 20 日に京都を出発して中山道を通って江戸に向かった。

　太陽暦に変わったのは 1873 年であるので、旧暦の 1861 年 10 月 20 日は太陽暦では 11 月 20 日頃に相当し、諸般の事情があったと思うが寒い時期に移動をしたものである。

　京都から江戸への移動人員は、警護・人足を含め、送り側と迎え側を合わせて約 26,000 人、行列は 50km となり御輿の警護には 12 藩、沿道の警備には 29 藩から人員が動員されたという空前絶後の大行列が中山道に展開された。

　この行列は前代未聞の出来事であったために、行列が通った中山道の宿場には鮮烈な記憶が残っているようである。

　降嫁の行列通過に際しては、道路の整備、橋の改修、宿泊する旅籠・百姓家の改修、大量の布団を草津方面から借り受ける等大変な騒ぎであったという。

　和宮は、小田井宿（追分宿の隣の宿場）で昼食を取って追分宿に入り、沓掛宿本陣で宿泊した。そして翌日は、軽井沢宿で昼食をとり坂本宿に向かった。碓氷峠から先は「和宮道」が作られ、中山道の一部を迂回している。

行列は3日間に渡って続き、1日に約1万人が通過して行ったという。行列通過時には、住民は外出や商売が禁じられ、2階の雨戸は閉めて目張りを行い、御輿通過時は平伏し、犬・猫は道から離れたところに繋ぐこと等の細かい指示が出されたという。

　また、縁起をかついで一時的に離山は「かぶと山」に、追分宿は「相生宿」と名称を変えられたという。

　旧暦の11月8日に小田井宿本陣の安川庄右衛門宅で昼食をとった時に、唐笠をかぶった童子の人形が安川家に恵与された。

　この人形は、「皇女和宮拝領人形」として安川家に所蔵されており、御代田町の指定文化財になっている。

　浅間縄文ミュージアムのパンフレット（中山道 小田井宿）から転写した、皇女和宮拝領人形の写真を以下に示す。

皇女和宮拝領人形・（安川東次家蔵）

8．明治初期の軽井沢の写真を読み解く

　日下部金兵衛（1841 ～ 1932）は、写真の黎明期である明治時代に活躍した極めて優れた写真家である。金兵衛は、江戸時代末期に英国人写真家ベアトの助手となって写真技術を学ぶと同時に、当時はカラーフィルムは存在しなかったので、白黒写真を彩色してカラー写真化する卓越した技術を習得して、横浜に金幣写真館を開いて写真家として独立した。

　独立後に金兵衛は日本各地を巡り、構図・彩色が素晴らしい多くの風景・風習等の写真を「金幣アルバム」として残している。このアルバムの表紙は、螺鈿（らでん）細工や蒔絵を施した豪華な物で、明治時代に日本を訪れた欧米人が日本訪問の記念品として購入したので、「KIMBEI」の名前は国内より海外で有名である。1979 年に米国の出版社が発行した写真集「JAPAN Photographs 1854-1905」には、金兵衛の写真が 31 点も掲載されていることから米国で大きな評価を得ていたことが分かるが、逆に日本国内においては明らかに金兵衛の写真であるにもかかわらず「撮影者不詳」なっている場合もあり、国内においては写真家の草分けである金兵衛の業績を正当に評価する必要がある。

　金兵衛は「中山道アルバム」等の、テーマアルバムも作っている。その「中山道アルバム」中に「碓氷峠」、「軽井沢からの浅間山」、「沓掛からの浅間山」、「追分の宿場」、「血の滝」等の軽井沢の風景写真が収められている。

　また、軽井沢周辺では「妙義山中岳の石段」、「碓氷川から見た松井田宿」、「坂本宿からの碓氷峠」、「岩村田の宿場」等の興味深い写真が残されている。

　「碓氷峠」の写真は、1883 年に着工した「碓氷新国道」、すな

わち「めがね橋」の所を通る旧 18 号線にある新碓氷峠（958 m）の写真であり、開削直後の街道と茶屋が写っている。

「沓掛からの浅間山」の写真は、浅間山を背景にして長倉神社の鳥居らしき物が写っている。

「追分の宿場」の写真は、『軽井沢検定テキストブック』にも掲載されている油屋が写っている、賑やかな追分宿の風景である。

「血の滝」の写真には、赤茶色である「血の滝」の横に行者が写っている。「軽井沢からの浅間山」と題する写真を示す。

軽井沢からの浅間山（長崎大学附属図書館蔵）

この写真には 1884 年に完成した碓氷新国道（国道 18 号線）は写っているが、1888 年に開通した軽井沢〜直江津間の鉄道の線路や駅は写っていない。また軽井沢ナショナルトラスト名誉会長

の中島松樹さんによると、写真中央の建築中の建物は 1887 年 7 月に設立された、軽井沢と横川間を結ぶ軽易馬車鉄道会社の軽井沢駅であると言う。従ってこの写真の撮影年は 1884 年〜 1887 年頃と言われて、今まで撮影年は特定されていなかった。

私は文献から金兵衛が 1886 年（明治 19 年）7 月に中山道撮影旅行を行って「軽井沢からの浅間山」と題する写真を残していることを知り、この写真の撮影年と月は 1886 年（明治 19 年）7 月と特定した。そして 1886 年はショーが軽井沢で約 2 ヶ月にわたる最初の避暑を行った年であることに気がついた。すなわち、この写真こそがショーが最初に軽井沢で避暑をした、まさにその時の情景であると気づいたのは、私が最初ではないかと密かに思っている。この写真は、ショーが軽井沢での避暑を楽しんだ頃の情景、そして避暑地・軽井沢の始まりの状況を示している非常に貴重な写真であると思う。この写真は撮影日まで推定可能であり、1886 年 7 月 16 日頃と推定できた。（詳細は、第 12 章金兵衛の中山道撮影旅行の旅程推定の項を参照）

律令時代の軽井沢には馬を朝廷に献上する官牧があり、1783 年には浅間山の大噴火があり、また樹木を薪や炭にして利用したこともあったので、このような情景であったと思われる。

広重や英泉が描いた「木曾街道六拾九次」の浮世絵を見ても、軽井沢宿、沓掛宿、そして追分宿に樹木は少ない。

金兵衛が「軽井沢からの浅間山」を撮影した地点を、1/25,000 の地図をベースとした地図ソフトウエア（カシミール）を使用して、浅間山、離山、国道等の位置関係から推定してみた。

その結果、金兵衛が撮影した場所は、新幹線に沿った南側の道（アウトレットの前の道）を軽井沢駅から東京方向に進んだトンネル手前の小高くなっている所で離山と浅間山がよく見える場所である。次に金兵衛が撮影した地点から写した現在の写真を示すが、新幹線の電柱や樹木のために金兵衛写真よりアングルは少し西に

金兵衛が撮影した地点付近から浅間山と離山を望む

振れているが撮影地点は、ほぼ同じ所である。

　第1章の「軽井沢の歴史」の項で書いたが、ショーが最初に軽井沢を訪れた外国人ではない。ショーが軽井沢で最初の避暑をする13年前の1873年（明治6年）1月11日に、後に英国公使となる外交官のアーネスト・サトウは、軽井沢で1泊している。そして金兵衛の写真のような荒野然とした軽井沢の情景をMoorと表現して、英国のイングランド北部やスコットランドそしてウェールズ等の景観に似ていると言ったそうである。なおMoorとは英国の解釈では荒れ地、荒れ野、ヒース（荒れ地に群生する常緑の低木）の生えた高原地帯であり、米国の解釈では沼地であり、いずれにしても写真のような荒涼とした土地である。

　Moorの景観の土地は当時のアメリカ、カナダにもあったので、

軽井沢の Moor 的な景観がショーをはじめ、当時の欧米人の郷愁を誘ったと考えられる。すなわち軽井沢の夏の涼しさだけでなく、母国を思い出させる Moor 的な景観、そして火山である浅間山が彼らを惹きつけたのだろう。そして軽井沢では、清涼な気候の中で彼らは母国語での会話を楽しんで、長い夏の休暇を過ごしたと考えられる。

私は、当時の軽井沢は現在のように緑豊かな場所ではないのに、何故多くの欧米人が軽井沢にサマーハウスを造ったのか疑問に思っていた。その疑問はアーネスト・サトウの Moor 的な軽井沢に対する印象で氷解し、この Moor 的な風景こそが当時の欧米人を軽井沢に惹きつける力となったのだろうとの考えに至った。

寒い 1873 年 1 月にアーネスト・サトウが何故、軽井沢に来たのか気になって調べると、アーネスト・サトウは大隈重信等と西国巡遊の旅を 1872 年 11 月 29 日から 12 月 23 日まで行っている。旅の目的は船で剣崎からはじまって、下田、鳥羽を経て瀬戸内海に入り、長崎までの 12 ヶ所の灯台の視察である。視察後、大隈重信等と分かれたアーネスト・サトウは中山道経由で東京を目指し 1 月 11 日に軽井沢で 1 泊して、1 月 14 日に帰京したことが分かった。従って軽井沢に重要案件があったのではない。

アーネスト・サトウが最初に軽井沢の景観を見た場所は、私は金兵衛の「軽井沢からの浅間山」の写真の印象が強烈であったので、金兵衛が見た地点に近い場所であるような先入観を持っていた。しかしアーネスト・サトウは時計回りに中山道を進み、参考文献 28 によると、長久保宿と芦田宿の間の笠取峠(913m)の頂上で、「・・・浅間山が見える。・・・空に一片の雲が浮かび、下方に褐色の荒野が広がっている。中山道で見た最も美しい眺めである・・・」と記述している。次に笠取峠から浅間山を望む、コンピュータ画像を示す。この画像は現在の 1/25,000 の地図がベースであるので、浅間山の裾野は Moor 状態に表現されていない。

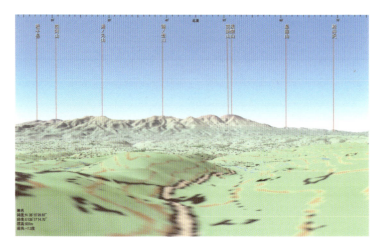

笠取峠から軽井沢と浅間山を望む(コンピュータ画像)

またアーネスト・サトウは 1877 年 9 月 12 日から、親友の弁護士ディキンズと北関東の旅をしており榛名山、伊香保、浅間山、草津、赤城山、日光を巡っている。この時は 9 月 16 日に浅間山登山を行っている。

そして 1878 年（明治 11 年）に退役海軍士官ホーズとの立山・飛騨旅行を行い、行きは 7 月 18 日に軽井沢を通過して北アルプスの針の木峠(2540m)を経て、富山県の笹津、岐阜県の船津と高山、長野県の松本、下諏訪を回り 8 月 11 日に軽井沢で宿泊をして帰京している。この時にアーネスト・サトウは軽井沢の夏の涼しさを体験して、Moor 的な景観と相まって軽井沢が、避暑地として相応しい場所であると見抜いたに違いない。さらにアーネスト・サトウは 1881 年に、ホーズと共著で『中部・北部日本旅行案内』を出版して欧米人に軽井沢を紹介している。

一方、ショーはアーネスト・サトウが初めて軽井沢を訪れた年（1873 年）の 9 月 25 日に来日している。当初ショーは、英国公

使館付の牧師（チャプレン）であったので、英国公使館の通訳であったアーネスト・サトウとは、顔を合わせて軽井沢が避暑地に適しているとの情報は聞いていた可能性は極めて高い。英国公使館の職員は数年日本勤務をすると、休暇が与えられて帰国する。そして本国で休暇延長願いを提出する際に、その多くは暑い東京の夏を避けたいとの理由が大多数であったと言う。それだけに避暑地探しは、欧米人にとって大きな関心事であったのである。

　私はアーネスト・サトウの日記原文を見たいと思って調べると、自筆の日記原本は英国公文書館にあるが、そのコピーが横浜開港資料館にあることがわかり早速行ってみた。日記は日本滞在時だけでなく約 65 年分の膨大な量であり、しかも達筆な自筆英文でコピーは不明瞭な所が多く読みにくい。悪戦苦闘したが 101 ページに示したアーネスト・サトウが初めて軽井沢を見た時の日記原文を見つけた。そこには「… Grand view of Asamayama,… Streak of cloud and brown moor below. Finest view in Nakasendo … 」と記されていた。ショーは 1886 年になって初めて軽井沢で避暑をして、「たしかにアーネスト・サトウさんの言うとおり、軽井沢は避暑地に相応しいところだ」と感じたのだと思う。

　現在、軽井沢関係の印刷物には、「・・・1886 年（明治 19 年）、軽井沢はカナダ人宣教師ショーによって避暑地として見いだされました・・・」と表現され、アーネスト・サトウの「ア」の字も出てこないが、正しくは軽井沢が避暑地として適していると見抜いたのはアーネスト・サトウであり、ショーはアーネスト・サトウからの情報に基づいて避暑をして、納得して多くの欧米人に軽井沢にサマーハウスを造ることを勧めたのであるので、国際的な避暑地軽井沢の基礎は、「アーネスト・サトウとショーの活動によって築かれた」と表現するのが正しいと私は考える。

　Moor のことを知ってから、私はシャーロックホームズの『バスカービル家の犬』の舞台は、Moor 地帯ではなかろうかと気づ

き、『バスカービル家の犬』を新訳で再読してみると、まさにバスカービルの館は Moor のまっただなかにあった。そして「ムーア」という言葉が随所に登場した。Moor についての知識がないときは、「ムーア」は読み飛ばしていたので、知識があると、ないとでは本を読んだときの印象が随分違うものだと思った。

　Moor のまっただ中に壮大な館を造ったバスカービル家は、お金持ちの英国貴族であるが英国貴族も、この荒涼とした Moor の風景に惹かれるものがあったのだろう。

　アーネスト・サトウ(1843 〜 1929)は、1861 年に通訳として来日して、幕末・維新の激動期に日本に滞在して活躍した。アーネスト・サトウの祖先はドイツ東北部のバルト海に面するビスマールに移住したスラブ系の人であり、この地方に少数ながらサトウ（Satow）姓が存在するという。アーネスト・サトウの父親は幼少の頃に英国に移住し、ロンドンで金融業者として成功したという。アーネスト・サトウの母親は英国人であり、アーネスト・サトウも英国人で日系人ではない。アーネスト・サトウは、1895 年にサーの称号受け、1906 年には勲一等旭日章を授与されている。

　横川〜軽井沢間のアプト式鉄道の敷設を行ったのは、後に鉄道庁技師長になった本間英一郎(1853 〜 1927) である。英一郎は幕末(1867 年) に黒田藩から留学生として 14 才で米国に渡って、1 〜 2 年現地で英語の勉強をした後に MIT（Massachusetts Institute of Technology）で学んだ。江戸からサンフランシスコまで船で行き、当時は大陸横断鉄道はないのでパナマまで南下して、パナマで汽車に乗り太平洋側から大西洋側に移動して、船でニューヨークへ行き、そして汽車で MIT があるマサチューセッツ州のボストンまで移動した。この移動で英一郎は初めて汽車を見て、初めて汽車に乗った印象が強烈であったので、MIT で鉄道学を学び鉄道を一生の仕事とすることになった。英一郎が滞在した頃のボストンは開発がはじまった時期で、MIT は開学（1861 年）間も

ない時期であり、ボストンはMoorの状態であったという。

英一郎は1874年（明治7年）に21才で帰国したが、日本はまだ鉄道事業のはじまる前であり、しばらくは鉄道以外の仕事をしていたが、その後鉄道計画が立案されて念願の鉄道の仕事を開始した。横川〜軽井沢間のアプト式鉄道の敷設では、住居を約2年間軽井沢に移して仕事に取り組んだという。その時、軽井沢のMoor的な情景を見て留学時代のボストンのMoor状態の光景を思い出しながら、仕事に取り組んだのではないだろうか。

晩年の英一郎は、春から秋までの期間を軽井沢で過ごしたという。これも留学時代に過ごしたMoor状態のボストンの風景、そしてアプト式鉄道敷設に取り組んだ頃のMoor状態の軽井沢の風景が、強く良い印象として残っていたためではないかと思われる。

正宗白鳥(1879 〜 1962)が軽井沢に来たのは、アプト式鉄道敷設後であるが、『今年の秋』と言う著書の中の「軽井沢と私」という章に次のような文章が書かれている。「・・日本人好みの山水の美があるわけでなくても、この高原の風物は私に快いものになったらしく、欧州の避暑地を見たときに軽井沢にその趣が見られるように感じた。スコットランドでは特にそう感じたのだ・・」このように正宗白鳥もMoorに惹かれたようである。Moorは荒涼とした風景であるが、このように人を惹きつける力があるようだ。

写真家の日下部金兵衛に話を戻すと、金兵衛が写した日本の風景・風習・風俗の写真は、「金幣アルバム」として開国間もない日本を訪れた欧米人の絶好の日本滞在記念として大いに売れた。

アルバムの表紙は、漆塗りの分厚い板に螺鈿（らでん）細工や蒔絵を施して豪華である。約2000点の写真カタログの中から客の注文で、50枚入り、100枚入りのオーダーメイドのアルバムを作成することもあったという。

金兵衛は、内容の異なる多くの「金幣アルバム」を作成した。

それらの中で日本国内に現存する金幣アルバムは、横浜開港資料館（4冊）、長崎大学附属図書館（7冊）、国際日本文化センター（3冊）、神奈川県立博物館（2冊）等の20数冊といわれているが、欧米には沢山の金幣アルバムが現存していると考えられる。横浜開港資料館には、ドイツから日本に里帰りした金幣アルバムも展示されている。横浜開港資料館は金兵衛が洗礼を受け、また葬儀が行われた日本最古のプロテスタント教会である横浜海岸教会と背中合わせの位置にあり、開港前後の資料の展示やアーネスト・サトウの自筆日記のコピーも所蔵されており一見の価値がある。

金幣アルバム（横浜開港資料館蔵）

9．ヒョウタンボク

　ヒョウタンボクは、スイカズラ科に属する希少植物で氷河時代には、北海道、奥羽、関東、中部地方に分布していた。氷河時代が終わって温暖な気候になると、適応できる気候である軽井沢（長倉地区）、岩手県早池峰山麓、菅平、南佐久郡川上村等に少数自生しているのみとなり、絶滅危惧類に登録されている。

　ヒョウタンボクの仲間には、「ハナヒョウタンボク」、「オニヒョウタンボク」等があり、「ハナヒョウタンボク」は長野県の天然記念物に登録されているが、どちらも希少植物である。

　5月下旬にハナヒョウタンボクは、ピンクがかった白い花、オニヒョウタンボクは黄色がかった白い花が咲く。どちらも花期が短いので、タイミングが悪いと見逃してしまう。

　ハナヒョウタンボクは、9月に赤い実がなり落葉の頃まで落ちずに残っている実もある。一方、オニヒョウタンボクは7月に赤い実がなるが短期間で落ちてしまう。

　実は二つ並んで付き、瓢箪のように見えるのでヒョウタンボクと言うらしい。実や樹液は猛毒で、食べると死亡することもあると言われている。ヒョウタンボクは、高さ3m〜4m程度の落葉樹で、幹の樹皮は縦に剥離して垂れ下がり、枝は細く互いに絡まり合った感じで見た目は綺麗とは言えない。類似した形の木は、外に見たことがない。

　天仁の噴火(1108年)時に追分原や御代田町等は、火砕流に8mの厚さで覆われたと言われているが、長倉地区は火砕流を免れたので、ヒョウタンボクは生き延びたのだろう。大事に保存したい木である。

ハナヒョウタンボクの群落（長倉地区）

オニヒョウタンボクの実（千ヶ滝地区）

１０．明治初期における通信網の発達

　日下部金兵衛が写した「軽井沢からの浅間山」の写真については８章で述べたが、金兵衛の中山道アルバムの中に含まれる「坂本宿からの碓氷峠」の写真に、電柱の様な物が写っていることを中山道69次資料館館長の岸本豊さんが、以前から気にしていた。
　なお坂本宿は軽井沢宿より一つ江戸寄りの宿場である
　中山道アルバムの写真は全て、1886年（明治19年）に行った中山道撮影旅行で撮影したのであるが、「坂本には1886年当時には電灯は来ていなかったので、この写真は1886年よりずっと後の時代に撮影したのだろうと言う人がいます。この電柱の様な物

坂本宿からの碓氷峠（長崎大学附属図書館蔵）

は何であるか解明してください」と、岸本さんに依頼された。

「坂本からの碓氷峠」の写真では、中央の道路が中山道であり、中山道の右側に電柱の様な物が1本建っており、電線を固定する横木が2本あるように見えるが、鮮明度の関係で十分に確認できない。

「坂本宿からの碓氷峠」写真で中央に見える山は刎石山（はねいしやま）であり、中山道は坂本から刎石山を通って熊野神社がある碓氷峠を越えて軽井沢へと続いており、正面の山は碓氷峠ではない。

調査の第1段階として、中山道アルバムの中に他にも電柱の様な物が写っている写真があるか調べると、「鳥居峠と奈良井宿」、「桜沢の茶店」、「藪原の菅橋」、「寝覚ノ床の茶屋」等の写真にも電柱の様な物が写っていることが分かった。（「寝覚ノ床の茶屋」の写真は、第12章に示す）

「鳥居峠と奈良井宿」の写真の右側に2本の電柱の様な物が写っており、上部には電線を固定する横木と絶縁のための碍子が確認できる。そして手前の電柱らしき物には支線が張られている。

「桜沢の茶屋」の写真は坂本宿の写真に類似しておりで、上部に電線固定用の横木があるように見えるが、距離と解像度の関係で十分に確認できない。

「藪原の菅橋」の写真は、橋の左側に電柱の様な物が2本写っており、横木には絶縁用の碍子に固定された2本の電線まではっきりと確認できる。なお菅橋の所に三度笠をかぶって休んでいる旅人がいるが、1886年当時において三度笠をかぶって旅をする人は既におらず、この人物は金幣写真館のスタッフであり写真を江戸時代風に仕上げるための演出である。同一人物と思われる人が、中山道アルバムに何回も登場する。これは中山道アルバムの写真が、全て同一時期（1886年）に撮影された根拠の一つでもある。

鳥居峠と奈良井宿（長崎大学附属図書館蔵）

藪原の菅橋（長崎大学附属図書館蔵）

話は脱線するが、「鳥居峠と奈良井宿」の写真の正面の山が鳥居峠であり、川は奈良井川である。鳥居峠を越えた隣の宿場が薮原であり、「薮原の菅橋」の下を流れる川は木曽川である。そして奈良井川は日本海に注ぎ、木曽川は太平洋に注いでいるので鳥居峠がこの辺りの分水嶺になっていることが分かる。

　「寝覚ノ床の茶屋」の写真には電柱の様な物が間近に写っているが、近すぎて柱の上部が写っていない。しかし運よく電線固定用の横木の影が地面に写っており、その影によって電柱のような物であることがはっきりと確認できる。

　この他にも、非常に遠景であるが「贄川近くの桃岡」、「上松付近の木曽川渓谷」の写真にも、山裾の街道に沿って電柱の様な物が小さく写っているのが認められる。

　次に電力供給の歴史が、どの様であったか調査した。

電力供給の歴史

年	状　　況
1884	エジソンとテスラが電力供給システムに関して論争
1886	東京電灯（東京電力の前身）設立
1886	**金兵衛が「中山道アルバム」の写真を撮影**
1887	東京で火力発電（直流）、神戸電灯設立
1889	大阪電灯、京都電灯設立
1892	日本全国で 35,000 灯が点灯
1896	東京で 200kw の火力発電（交流）
1909	アプト式鉄道の電化のために横川に火力発電所建設
1914	7 月に旧軽井沢地区から電灯線の敷設がはじまる
1915	猪苗代から東京へ 230km 送電
1917	星野温泉で水力自家発電

　この電力供給の歴史を見ると、1886 年に撮影した金兵衛の写

真に写っている電柱らしき物は、電灯線用の電柱ではないと判断せざるを得ない。

電力供給の歴史を簡単に説明する。1884 年に直流方式による電力供給を主張するエジソンと、交流方式を主張するテスラの間で論争が始まった。論争の結果は交流方式を主張したテスラの勝ちで、電力の配電は昇圧が容易で長距離送電が可能な交流方式となった。従って金兵衛が中山道撮影旅行を行った頃の日本は、電力送電の夜明け前と言える時代であった。東京電力は当初直流で発電したが、大阪、京都は交流方式で事業を始めたのに合わせて、交流方式に変更し交流方式に統一された。しかし関西方面は周波数が 60Hz の米国 GE 社製交流発電機、東京電力は周波数 50HZ のドイツのアルゲマイネ社（AEG)製交流発電機を使用したのが現在まで尾を引いて、西日本は 60Hz、東日本は 50Hz と異なる周波数が使用されている。テスラ（1856 〜 1843）は、現在のクロアチア生まれで、エジソンに勝るとも劣らない優秀な電気工学者、発明家であるが僅かに磁束密度の単位であるＴ（テスラ）に名を留めるだけであり、もっと光を当てるべき人物である。

横川〜軽井沢間を結ぶアプト式鉄道は、1909 年に横川に火力発電所が着工され 1912 年に電化された。横川〜軽井沢間のアプト式鉄道には 26 ケ所のトンネルあったが、馬力の小さい蒸気機関車の速度は遅く、また横川側から軽井沢方向に向かって急坂のトンネルに入ると煙が汽車を追いかける状態になり、乗客や乗員は煙に巻かれて意識を失う人が出るなど苦しい運行であった。そのため横川側から列車がトンネルに入ると、横川側のトンネルの入口にカーテンを下ろして、空気がトンネル内に吸い込まれないようにして、客車が蒸気機関車の煙に巻かれない様な対策を行った。しかし、この努力は本質的な解決策ではないので、アプト式鉄道は国内では早い時期に電化されたのである。

そして軽井沢に電力線が敷設されて電灯が灯ったのは、1914

年（大正3年）である。

　話を電柱らしき物の解明に戻す。電柱の可能性がなくなったので、旗を掲げるための柱ではないか、歌川広重や渓斎英泉の「木曾街道六拾九次」の浮世絵に同じような柱が描かれているか等、考えを巡らしたが解明できず調査は停滞した。

　しばらく考えることを止めているときに、名著と言われている『英国公使夫人の見た明治日本』という本が、古本市場に出たことを知り直ぐに購入した。

　この本の著者であるメアリー・フレーザーは、1889年に夫の英国公使ヒュー・フレーザーと共に日本へ赴任し、先入観のない目で日本人や日本人の暮らし等を卓越した文章力で手紙として綴った。『英国公使夫人の見た明治日本』は、その沢山の手紙を書籍化した内容の多い本である。東京での生活についての記述が大半であるが、鎌倉、江ノ島、伊香保、軽井沢、日光等についても記述している。

　ヒュー・フレイザーは、1890年に軽井沢の二手橋の近くに一見洋風の別荘（英国公使館の施設）を新築した。メアリーはこの別荘を「平和の宮殿」と呼び軽井沢での生活を楽しんだが、この別荘は現存していない。この別荘には、当時珍しかったガラス戸を使用したので、一般の家屋では台風の時などには雨戸を閉めて室内が暗くなったが、「平和の宮殿」は、ガラス戸であるので室内が暗くならず良かったと書かれている。また全室畳敷きで、広縁がある日本家屋であったと紹介されている。

　この本の「1890年8月　軽井沢」という章の中で、大きな台風が軽井沢を襲い「鉄道馬車の路線や電線は影も形もなくなり、台風到来後の5日間は連絡が一切途絶え、東京からの物資供給も全くありませんでした」という記述を見つけた。

　この文章を読んで、今までの疑問は一気に解消した。今まで「電柱」すなわち、電力を送るための送電線用の柱と考えていたのは

間違えで通信用の信号を送る電線用の柱、文字通り電信柱（でんしんばしら）であったのである。軽井沢に電灯が灯ったのは1914年（大正3年）であるので、1890年時点ではメアリー・フレーザーを含め町民は、ロウソクとランプを使用していたのである。なお、メアリー・フレイザーが「平和の宮殿」と呼んだ山荘があった場所は、旧道を碓氷峠の方に進むと矢ヶ崎川に架かる二手橋に来るが、この二手橋を越えて直ぐ左側の場所である。現在は樹木に覆われた状態になっており、昔の写真にある平和の宮殿の佇まいを想像することはできない。

　有線通信の歴史を調べると、1844年にサミュエル・モールスがワシントン～ボルティモア間（約60km）の有線モールス通信に成功している。そして1850年代に米国において、有線通信は鉄道の路線に沿って普及し、停車場において盛んに使用された。そう言えば、昔の西部劇映画で蒸気機関車の停車場において、カタカタという音がして、モールス通信が行われていたのを見たような気がする。さらに米国の南北戦争(1861年～1865年)において、有線通信は重要な役割を担ったということである。

　日本においては、1854年にペリーが徳川家定に電信機を2台献上している。そして1867年に榎本武揚がオランダでの留学を終えて帰国したが、その時に有線通信用の電線、絶縁用の碍子そしてモールス電信機等の機材一式を持ち帰っている。また1877年の西南戦争の戦況が、電信で九州から東京に届いている。

　従って1886年に日本国内において有線通信網が完成していても、全くおかしなことではない。

　1886年当時の通信システムについて、具体的に記述した資料を見つけることができないので想定をしてみる。

　想定した通信システムでは、送信側は9Vの電池出力を電鍵で開閉してモールス符号にするので、開時の受信側の電圧は0V、閉時は長さ30kmの電線での電圧降下により6.8V程度の電圧が

受信側に到達するが、受信側の電磁石（リレー）を駆動するには十分であると考えられる。もしかすると電磁石（リレー）のインピーダンスが、もう少し高かったかも知れない。

モールス信号通信は、現代の通信方式のように多重化（周波数多重化、または時分割多重化）することができないので1対の電線で一つの通信しかできない。そこで例えば30km毎の局で信号を受け、自分の管理地域内宛の通信であれば、受信した電文を足で配達する、更に先の地域宛先行きの電文であれば、受けた電文を再生して次の局へ送り出すというバトン・リレー式の方式であっ

想像した通信システム仕様

通信方式：モールス通信
送信設備：電池出力を電鍵で開閉することにより モールス符号を送出する
電池電圧：9 V
通信用電線：2.6 Ω／km （2.9mm Φ） 1対
局間の距離：30 km
受信装置：電磁石（リレー）インピーダンス 500 Ω

たと考えられる。

電灯用等の電力供給用発電機の実用化は、電池の実用化より遅れていた。従って電池を電源とする有線のモールス信号通信の様な低消費電力の直流電流の授受による情報伝送が、電力送電に先立ってはじめられた事が分かった。

中島松樹編の『軽井沢避暑地100年』の明治中期の軽井沢旧道と題する写真を見ると、電信柱にある電線固定用の横木の数が4本あり通信需要に応じて、通信回線数が増えていることが分かる。軽井沢に電灯が灯ったのは大正3年であるので、明治中期には軽井沢に電力（電灯）は来ていなかったが、通信用の電線と電信柱

は存在していたのであり、当時はランプとロウソクの生活であったが東京をはじめ遠方と有線通信による情報交換が可能であったのである。

有線通信の歴史を調べると、1878年に国内の主要な通信網完成と言われている。これは東海道、中山道、甲州街道等の主要国道に沿って、有線通信用の電線が敷設されて、モールス信号による有線通信が可能になったと言うことであると考えられる。

軽井沢においては明治天皇の北陸東海巡業が行われた1878年（明治11年）に、御巡幸に先立って峠町から旧道を経由して野尻駅までの約108kmにおいて電信柱の設置が行われた。

これらの情報は、上述の調査・検討内容と矛盾する所はなく金兵衛の写真に写っている電柱のような物は、その名の通り電信柱（でんしんばしら）であることが明確になった。

金兵衛の中山道アルバムに、電信柱が写っているとは考えもしなかったが、調べてみると1886年（明治19年）において通信用の電線が既に軽井沢を経由して中山道に張られていた事実を、金兵衛の写真が示していたのである。明治初期に、急速に日本の近代化が促進されたことが分かる。

電灯線より早く通信用電線が張られていたとは、感覚的には意外な気がする人が多いであろう。金兵衛の写真は多くの情報を含んでおり、極めて貴重な資料である。

東京都千代田区大手町にあった逓信総合博物館（2013.8.31で閉館）には、ペリーが徳川家定に献上した有線通信機の複製品が展示されていた。しかし電源である電池の展示はなく、また文献等でも当時の電池に関する記述を見つけることはできなかった。

そこで電池の発展歴史から推測してみると、1836年にダニエル電池が発明されているので、当初はダニエル電池を使用したと考えられる。ダニエル電池は、銅板の正極を硫酸銅溶液、負極の亜鉛板を硫酸亜鉛溶液に入れて、両電解液を素焼きの壁で分離す

る方式で 1.1V の出力電圧が得られた。この電池は、ボルタの電池のように通電すると分極現象で電圧が徐々に下がることがなく、長時間使用が可能であるので重宝されたようである。

その後 1868 年にダニエル電池より安価で出力電圧が 1.5V のルクランシェ電池が発明され、さらに 1887 年に屋井先蔵（やい・さきぞう）が、電解液をペースト状にして取り扱いやすさを劇的に向上させた現在の乾電池の元祖を発明した。

従って商用電力が得られるまでは、有線通信ではダニエル電池→ルクランシェ電池→屋井式電池が使用されたと考えられる。

なお、屋井式電池は日清戦争において、軍用電池として大いに使用された。

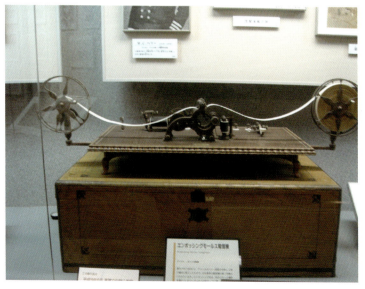

ペリーが献上した有線通信機の複製品（通信総合博物館蔵）

１１．浅間山と大宮の氷川神社を結ぶ線

　埼玉県さいたま市大宮区にある氷川神社から見た夏至の日の太陽は浅間山に沈み、また浅間山と氷川神社を結ぶ線上に富岡の貫前神社（ぬきさきじんじゃ）、松井田の妙義神社があること。それに加えて富士山と筑波山を結ぶ線上に、氷川神社があることを中山道69次資料館館長の岸本豊さんに教えていただいた。

　この天文的そして地理的に極めて特異な状態が、定量的にどのくらいの精度であるかを計算で確かめた。その過程で、冬至の日に氷川神社から見た日の出位置の線を延長すると、浅間山に至ることが分かり、全ての精度を算出して驚くべき事実が分かった。

　最初に1/25,000の地図をベースとする地図ソフトウエアであるカシミールに、氷川神社の位置（N35°55' 00"、E139°37'.46"、14m）と浅間山の位置（N36°24' 23"、E138°31' 23"、2568m）を入力して、氷川神社から浅間山が見えるか、また氷川神社から浅間山を見る方位を調べた。

　その結果、氷川神社と浅間山の間には障害となる山はなく、建物や樹木がなく天気が良ければ、地球の丸みを考慮に入れて浅間山は約0.9°の仰角で見えることが分かった。また氷川神社から浅間山の方位は、298.96°であることが分かった。

　春分・秋分の日に太陽は真東から上り真西に沈むが、夏至の頃は北よりの方位から上り、北よりの方位へ沈む。一方、冬至の頃は、南よりの方位から上り、南よりの方位へ沈む。

　では夏至の日、冬至の日に真西から何度北側または何度南側に太陽が出て沈むかを、理科年表の「各地の日出入方位」で調べる

と以下のようになっている。

各地の日出入方位 (理科年表による)

北緯	夏至	春分・秋分	冬至
34°	+29.3	+0.6	-28.0
36°	+30.2	+0.6	-28.8
38°	+31.1	+0.7	-29.6

　氷川神社の緯度は、(35°55' 00")であるので、夏至の日に太陽が沈む方位を内挿して計算すると30.16°になる。すなわち真西より、30.16°北に寄っている訳であり、北を0°とすると、300.16°となり、浅間山の方位(298.96°)と1.2°ずれているが、ほとんど方位は一致するので、氷川神社から見た夏至の日の太陽は浅間山に沈むと言えることが分かった。

　市販の地図上に、氷川神社から300°の直線を引いてみると、その直線上に浅間山があり「氷川神社から見た夏至の日の太陽は浅間山に沈む」ことを再確認した。

　また富岡の貫前神社(N36°15' 18.55"、E138°51' 27.55")と松井田の妙義神社(N36°18' 1.79"、E138°45' 44.62")が、(氷川神社→浅間山→氷川神社から見た夏至の日の日没方位)線上にあることが分かった。

　氷川神社→浅間山の直線に、貫前神社と妙義神社が定量的にど

氷川神社から見た浅間山・貫前神社・妙義神社の方位

氷川神社から見た場所	方位角	氷川神社→浅間山ラインからのズレ
氷川神社→浅間山	298.96°	基準
氷川神社→貫前神社	298.61°	－0.35°
氷川神社→妙義神社	298.87°	－0.09°

のくらい精度で位置するかを調べた。結果を表に示すが、驚くべき正確さであることがわかった。

氷川神社、貫前神社、妙義神社における夏至の日の日没方位と各神社の緯度と氷川神社を基準とした緯度の差異を下表に示す。

氷川神社、貫前神社、妙義神社における夏至の日の日没方位

場所	夏至の日の日没の方位	各神社の緯度	氷川神社を基準とした緯度の差異
氷川神社	300.16°	N35.92	基準
貫前神社	300.32°	N36.26	+0.34°
妙義神社	300.34°	N36.30	+0.38°

以上から分かるように、浅間山、貫前神社、妙義神社が「氷川神社から見た夏至の日の太陽が沈む直線上」に存在していることが分かる。

緯度が高くなると夏至の日没の方位は北側に移るが、表に示すように氷川神社→貫前神社→妙義神社と所在地の緯度が高くなると、それに応じて日没の方位が北側に移動しており、夏至の日没方位にあわせて、きめ細かく貫前神社と妙義神社の立地場所（緯度）が決定されていることが分かる。

上述の通り氷川神社は、天文的そして地理的に特異な場所に存在していることが分かったが、以上の事実に加えて、さらに「氷川神社は、富士山と筑波山を結ぶ直線と氷川神社から見る冬至の日の出位置と浅間山を結ぶ直線の交点上に位置する」と言われている。

このことを定量的に確認するために、まず筑波山（N36°18' 1.79'、E138°45' 44.62"、600m）と富士山 N35°24' 38"、E138°43' 39"、3776m）が氷川神社から見えるか否かと、それぞれの方位角が何度であるかをカシミールを使用して調べた。

そして建物や樹木がなければ両方とも見えることが分かった。また氷川神社から筑波山の方位は 51.28°であり、氷川神社から富士山の方位は 233.23°であるので、筑波山→氷川神社→富士山の直線は、氷川神社で 1.95°曲がるがほぼ直線であることが分かる。従って、視覚的には筑波山と富士山を結ぶ直線上に氷川神社があると言える。

　次に夏至の日没方位を計算するのと同じ手法で、氷川神社からの冬至の日の出の方位を求めると 118.86°となる。この（氷川神社から見た冬至の日の出位置→氷川神社）の直線を浅間山の方へ延長すると 298.86°の方位であり、この直線は浅間山頂上の南側 0.1°の所を通ることが分かる。この事実は、冬至と夏至の関係で当然であると言えるが、精度は驚嘆すべき正確さであり、（氷川神社から見た冬至の日の出位置－氷川神社－浅間山）は、１本の直線上にあると言える。

　整理すると「氷川神社から見た夏至の日の入り方位－浅間山－氷川神社」の直線と「氷川神社から見た冬至の日の出方位－氷川神社－浅間山」の直線がほとんど重なり、その直線と「筑波山－富士山」を結ぶ直線の交点に氷川神社が位置するのである。

　これだけの条件が偶然に満足されるとはあり得ず、日本人の祖先（この土地を守護する地主神を祀る所が、氷川神社創建以前の紀元前 473 年に現在の氷川神社の場所に造られと言われている…注）が詳細な自然観察に基づいて、現在の氷川神社の場所を地主神を祀る所として選定したことは驚嘆すべきことである。

　今までの方位検討は、全て浅間山・妙義山・富士山の頂上に対して行ってきた。そのため、視覚的には全て直線上に位置しているが、厳密には 0.09°～ 1.95°という微少な角度誤差を生じている。

　しかし、人は山の頂上だけを見ているわけではなく、山裾から頂上までの山の姿で浅間山、富士山、妙義山と認識している。

そこで上記の山について、氷川神社から見た7合目付近がどのような方位角になるか調べた結果を表に示す。

氷川神社から見た7合目付近の方位角

山	頂上の方位	7合目の方位	頂上からの方位のズレ
筑波山	51.28°	右：51.99°	＋0.71°
		左：50.21°	－1.07°
富士山	233.23°	右：234.48°	＋1.25°
		左：231.86°	－1.37°
浅間山	298.96°	右：299.81°	＋0.85°
		左：297.30°	－1.66°

この様に、山の方位を7合目付近まで許容すると視覚的には、上述した全てのことが2本の直線上にあると言うことができる。

複雑であるので、概念図を示し以下に要旨を整理する。

①氷川神社から見る夏至の太陽は浅間山に沈む。（氷川神社→浅間山→夏至の日没の直線ができる）

②氷川神社から見る浅間山の方位と夏至に太陽が沈む方位は同じである。（1.2°の差）

③氷川神社と氷川神社から見て冬至の太陽が出る位置とを直線で結び、その直線を浅間山へ延長すると、氷川神社→浅間山の直線に重なる。（0.1°の差）

④氷川神社→浅間山の直線上に、妙義神社、貫前神社がある。（それぞれ0.09°、0.35°の差）

⑤妙義神社、貫前神社から見て、夏至の太陽は浅間山に沈む。

⑥筑波山と富士山を結ぶ直線上（この直線は厳密には、氷川神社で1.95°曲がる）と氷川神社から見て冬至の太陽が出る位置から氷川神社を経由して浅間山に延長した直線の交点結に氷川神社が存在する。

この様に天文的および地理的に極めて特異な条件を満足するように、紀元前から6世紀にかけての日本人の祖先が自然をよく観察して、氷川神社の前身である地主神（アラハバキの神）を祀る祠（現在は、氷川神社の摂社の門客人神社）、貫前神社、妙義神社（貫前神社、妙義神社は6世紀前半に創建された）の建設地を選定したのは驚異的である。門客人神社という表現は、時代の後先が逆であり直感的には理解に苦しむ表現である。またアラハバキの神については、不明なことが多く珍説があったようである。

　とにかく紀元前から6世紀にかけて、地理的・天文学的な壮大なプロジェクトを日本人の祖先が展開したことを、現在の人達に知って貰いたいと思う。

注）ハバキ（脛巾）とは、旅の時に歩きやすくするために、すねに巻き付けた、いわゆるゲートルである。そのハバキを付けて遠方からやって来た神？を地主神として、アラハバキの神と称したらしい。紀元前における氷川神社の前身は、その土地を守護する地主神（アラハバキの神）を祀ったアラハバキ神社（または祠）であり、自然信仰の場所であった。

　弥生時代に出雲族がこの地に現れ稲作や金属器文明を伝えて開拓を行い、アラハバキ神社（または祠）のあった場所に氷川神社を創建したのだろうという説がある。なお、先住の神であった地主神（アラハバキの神）は、氷川神社の拝殿に向かって右側の垣根の外側にある摂社に祀られアラハバキ神社と呼ばれた。その後『新編武蔵国風土記稿』によると、その摂社には手摩乳の神・脚摩乳の神が祀られ門客人神社と呼ばれるようになった。

　出雲大社があるあたりは簸川郡（ひかわぐん）という地名であったが、ここに簸伊川（ひいがわ）という川があり、この「ひかわ」に因んで、弥生時代に新たに創建した神社を、氷川神社と命名したと考えられる。

　2012年9月現在において、氷川神社の拝殿と門客人神社の間の土地で埋蔵文化財発掘調査が行われており、歴史的な場所であることが感じられる。

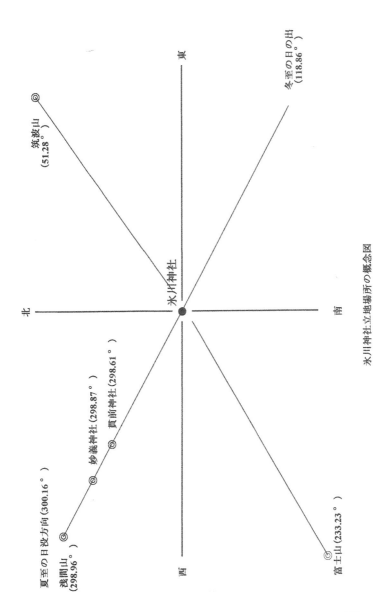

氷川神社立地場所の概念図

１２．金兵衛の中山道撮影旅行の旅程推定

　日下部金兵衛の「中山道アルバム」に収められている写真から、ショーがはじめて軽井沢で避暑をした時に見た光景が分かり、その時点で既に碓氷峠〜旧道〜追分〜奈良井宿〜藪原宿〜上松宿と中山道に沿って有線通信（電信）用の電信柱が、電灯線敷設に先駆けて敷設されていたことを知ることができた。

　そして英国公使夫人であったメアリー・フレーザーは、1890年に「平和の宮殿」と名付けた軽井沢の二手橋近くにあった山荘で、遠隔地との情報交換が有線通信を使用して可能であったが、ランプとロウソクでの生活をしていたことも明らかになった。

　金兵衛の中山道撮影旅行が 1886 年（明治 19 年）7 月に行われたことは金兵衛が残した写真カタログの記述等から明らかであるが、中山道を時計回りに旅をしたか反時計回りであったか、また、写真から撮影日が特定できないかを検討してみた。

　撮影日推定に使用した写真は、金兵衛が撮した「寝覚ノ床の茶屋」の写真である。寝覚ノ床は、上松（あげまつ）宿と須原宿の間の宿（あいのじゅく）であり、「寝覚ノ床の茶屋」の写真は「軽井沢からの浅間山」を撮影した中山道撮影旅行の時に撮影している。

　撮影月・日を推定する手がかりは、地面にある電信柱の影である。寝覚ノ床の緯度・経度は分かっているので、太陽の方位角、太陽の仰角を求めて撮影月・日を割り出すことになる。

　なお、太陽暦に変わったのは、1873 年であるので、ここでは太陽暦の月・日で検討ができる。

　最初に電信柱の影の方向（太陽の方位角）の推定を行う。金兵衛の写真は、Ｔ字路のような所で撮影されている。写真の奥の落

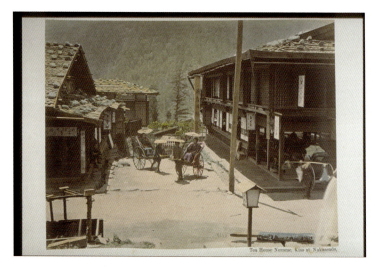

寝覚ノ床の茶屋（長崎大学附属図書館蔵）

ち込んでいる所が木曽川である。電信柱の後にある角柱に、「浦島旧跡」と書かれており、この道を下がった所が名勝の「寝覚ノ床」である。中山道は写真の左右方向の道であり、右は上松宿（塩尻方向）、左は須原宿（馬籠方向）である。中山道沿いに建っている棒が、なぜ電信柱であると分かるのかと言うと地面に電線を張る横木の影が映っており、また中山道沿いに1886年時点には、既に有線通信用の電線が敷設されていた事が分かっているからである。

　ここからは、長崎大学附属図書館から提供して頂いている「寝覚ノ床の茶屋」の写真を、適度な大きさにプリントして検討を進めた。

　「寝覚ノ床の茶屋」の写真と「長野県木曽郡上松町小川-goo 地図」を示す。

　「木曽郡上松町小川-goo 地図」と「寝覚ノ床の茶屋」の写真

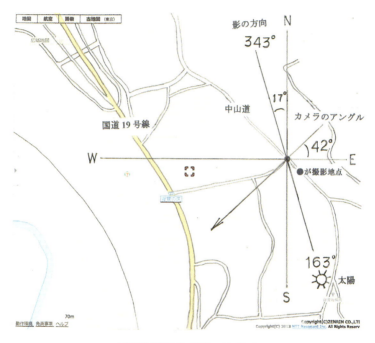

木曽郡上松町小川（寝覚の床）付近の地図

を見比べると、金兵衛はT字路のTの横棒と縦棒の交点に立ち、縦棒を下に向かって真っ直ぐに見るアングルで撮影していることが分かる。そして、中山道の方向と電信柱の影の方向の関係から太陽の方位角は163°であることが分かる。

軽井沢町追分にある「中山道69次資料館」の館長である岸本さんの著書『新版・中山道69次を歩く』によると、金兵衛の写真に写っている右側の建物は、当時は寝覚立場…注)の茶屋本陣（田瀬屋）であり、平成17年までは、民宿を営んでいたとのこと。また左側の建物は、浦島太郎の長寿にちなんだ「長寿そば」が名物であった越前屋という蕎麦屋である。この2軒の建物は現存しており、「中山道69次資料館」に現在の写真が展示されている。建物の様子は当時の面影を残しており、金兵衛の「寝覚ノ床の茶屋」の撮影地点は、この場所に間違いない。地図において、●印で示すところが撮影地点である。撮影地点の左側にある太い道は国道19号線であり、その左がJR中央本線である。当然のことであるが、国道やJR中央本線は金兵衛が「寝覚ノ床の茶屋」を撮影した時には存在しなかった。

次に太陽の仰角の推定を行う。太陽の仰角は、電信柱の高さとその影の長さから求めるが、以下に示す理由によって「寝覚ノ床の茶屋」の写真から太陽の仰角を、容易に求めることはできない。

①中山道が電信柱のある地点より高くなっているために、電信柱の影が曲がっている。

②電信柱の上部が写っていない。

③太陽光方向に直交する方向から、25°ずれた方向から撮影している。

④カメラが電信柱から離れた位置の高いところにある。

⑤電信柱が途中から約5°程度北側に傾いている。

従って、推定・補正を行って電信柱と影（底辺）とで構成する直角三角形の各辺の長さを求めることになる。①〜⑤について検

討をする。
①について

　電信柱の影が電信柱の根本から 1/3 位の所から曲がっている。これは中山道が電信柱のある地点より高くなっているためである。これを平らな地面として影の長さを補正する。
②について

　電信柱の上部が写真からはみ出してが写っていないが、右側にある田瀬屋の2階の屋根の端とその影とでできる三角形と電信柱とその影とでできる三角形は相似形であるので、田瀬屋の2階の屋根と影を使用して、電信柱の高さを推定した。ここで、田瀬屋は一段高い所に建っており、2階の屋根の端の影は一段低いところに落ちているので、この部分にも補正を行った。
③について

　太陽光方向と直交する方向から見た、電信柱の影の長さになるように補正した。
④について

　中山道の道幅は、人物の大きさから推測すると約 5m であり、さらに中山道の手前の端から約 0.5m 下がった位置にカメラがあると推定する。一方カメラの高さは、人物や家との関係で約 3m の高さにあると推定する。すなわち、カメラの位置は、電信柱から約 5.5m 離れて地上から約 3m の所であると推定する。

　この推定に基づいて、電信柱の影の長さを直交方向から地面の高さで見た時の長さに補正した。
⑤について

　結果への影響は微少であるとして無視する。

　以上の検討結果から、電信柱とその影からできる直角三角形の影の先端から太陽を見上げる仰角は 70.8°であると推定することができた。また太陽の方位角は 163°であると推定した。

　次に撮影した月・日・時刻の推定を行う。撮影地点である、寝

覚ノ床の緯度・経度は、(N35.77°、E137.70°)である。

インターネットで公開されている「太陽高度(一日の変化)高精度計算サイト」を使用して、太陽の方位角が163°、太陽の仰角が70.8°に近くなる月・日・時刻を計算してみる。

この計算サイトでは、1900年以前の計算はできず、一方、金兵衛が中山道撮影旅行を行ったのは、1886年である。そこで20年程度の差異が計算結果にどの程度影響するか調べたところ、微少であったので1900年として計算を行った。この結果、寝覚ノ床の撮影日は、8月5日11時24分頃と言う結果を得た。本解析では、上述の様な推定・補正等を行っているので多少の誤差はあるが、結論は1886年8月5日11時24分頃となる。

次に金兵衛が中山道を時計回りに回ったか、反時計回りに回ったかを考えてみる。私は、下記の理由によって妙義山撮影を振り出しにして反時計回りに回ったと考えている。

これは反時計回りの根拠にはならないが、1885年に上野〜横川間は鉄道が開通しているので、金兵衛は1886年7月に上野駅から鉄道を利用して中山道撮影旅行に出発し、松井田駅で下車して妙義山から一連の撮影を開始した可能性はある。

①最初の写真を妙義山で撮影してから、中山道を反時計回りに進み、上松宿の寝覚ノ床の写真が55〜59枚目、小野の滝の写真がが60〜61枚目であり、次に撮影場所が大きく飛んで名古屋城、名古屋の本願寺の写真で「中山道アルバム」は終わっている。

小野の滝(上松宿)から、さらに反時計回りに進むと、妻籠宿、馬籠宿や大湫宿等多くの撮影すべき宿場があるにもかかわらず撮影は小野の滝(上松宿)で終了して、最後に中山道ではない名古屋で「中山道アルバム」が終了しているのは余りにも不自然である。

すなわち上松宿の小野の滝を撮影した時点で、写真を撮せなくなる予期せぬ事態が発生したと考えられる。

当時の写真は乾板写真法と言われる技術であった。この方法は、感光性のある薬品をガラス板の上に塗布した感光板を使用していた。そして撮影済の感光板を、そのままの状態で1ヶ月以上保管しながら旅を続けて横浜まで持ち帰り、横浜の金幣写真館で現像・定着するのは余りにも危険であるので、撮影後は直ちに現像・定着処理を行ったと想像する。

　金兵衛は撮影枚数をあらかじめ計画して横浜を出発したはずであるが、小野の滝の撮影で感光板、現像液、または定着液のいずれかを使い尽くしてしまったために、ここで撮影を終了せざるを得なかった考えられる。当時はプラスチックの容器はないので、現像液か定着液の壺を割ってしまったのかもしれない。

　そして名古屋の町で不足した写真材料を調達して、最後に名古屋城と本願寺を撮影して、一路、東海道で横浜へ向かったと考えられる。これが反時計回りで中山道を旅した大きな根拠の一つである。

②江戸時代の旅人は、暗いうちから宿を出発して1日に5宿くらい歩いて、江戸から京都までの中山道69次を15日程度で移動したという。なお宿泊する宿場への到着時刻は、比較的早い時刻であったようである。それは宿は早い者勝ちで、入浴や部屋の待遇等が決まったからである。金兵衛の場合は写真機材が多く、又撮影や撮影後の処理しながらの旅であるので、1日に1宿(8km弱)移動を基本として旅をしたと考えた。

　その考えで、8月5日の上松宿をから逆算すると、軽井沢宿が7月16日、出発した松井田宿が7月14日となる。従って、8章の「明治初期の軽井沢写真を読み解く」で示した、「軽井沢からの浅間山」と題する写真は、1886年（明治19年）7月16日撮影と推定することができた。このときショーは、軽井沢で初めての避暑をしていたのであろう。そして7月に花岡村（下諏訪宿）にいたと言う、金兵衛との記録とも整合する。

③長崎大学が HP で公開している写真の順番は時計回りに整理されているが、一方、金兵衛の写真カタログでは反時計回りに整理されている。長崎大学附属図書館に確認したところ、HP に公開している写真の順番は長崎大学が独自に付けた順番であることがわかり、私の考えは金兵衛の写真カタログの順番との一致しており問題ないことが分かった。

④「中山道 69 次資料館」館長の岸本さんから、全く異なる視点に基づく考えをお聞きした。

　中山道アルバムの写真を分析すると、西に向かって撮影した写真が 23 枚、横向きが 6 枚、そして東向きが 8 枚であり、人間の心理として進行方向を向いた撮影が多くなるはずであるから、反時計回りに旅をしたのだろうと岸本さんは言う。この考えは、私の推定を補強する推理である。そして上松宿から 11 宿下った御嶽宿の新村湊から木曽川を下って名古屋に出たのではないかとも言う。説得力がある考えである。

　金兵衛が寝覚ノ床に何月何日に到着したか、中山道をどちらに向かって撮影旅行をしたかを検討することは実に楽しいことであった。金兵衛さんが存命ならば、第 8 章を含めて私の検討結果を話してみたい気がする。

　注）立場：江戸時代に街道で人夫が駕籠をとめて休息する場所。明治以降は、人力車や馬車などの発着場所または休息場所。

１３． 明治初期の軽井沢の気候を考える

　宣教師のショーは 1886 年（明治 19 年）に、約 2 ヶ月の夏期休暇を初めて軽井沢で過ごし、これが軽井沢が国際的な避暑地として特異な発展する出発点となった。

　ショーが夏期休暇を過ごした頃の軽井沢の夏は、郷愁を誘うMoor の景観と相まって、ショーが最適な避暑地として欧米人に紹介したほど涼しくて快適であった。

　そして戦前でも、現在より乾燥していて涼しかったと言われている。その様に言われても当時は気温が何℃、相対湿度が何％であり、現在はどうであるかを定量的な比較をしてみないと「感じの記憶」では「そうだったんですか」と言う訳にはいかない気がした。

　過去の気象データを調べると東京の平均気温は 1875 年から、そして平均相対湿度は 1876 年からの記録が残っていることが分かった。この様に約 140 年にわたるデータが残っていることは素晴らしいことである。一方、軽井沢については平均気温は 1925 年から、そして平均相対湿度は 1941 年からのデータしか残っていない。

　従ってショーが避暑をした頃の、軽井沢の夏の気候は現存するデータの傾向から推定せざるを得ない。

　東京と軽井沢の長期間の月平均気温、月平均相対湿度をグラフにプロットしてみた。かなりの大作業にもかかわらず、これらのグラフから昔の気候を推定するために有効な知見は得られなかった。そこで単純化して軽井沢の一番古い相対湿度データがある 1941 ～ 1945 年 8 月と 2011 ～ 2015 年 8 月の、東京と軽井沢の 8月の平均気温と 8 月の平均相対湿度を表にしてみた。

軽井沢と東京の8月の平均気温と平均相対湿度

	軽井沢	東京
1941～1945.8 の平均気温	20.0℃	26.8℃
1941～1945.8 の平均相対湿度	87.6%	79.2%
2011～2015.8 の平均気温	21.0℃	28.0℃
2011～2015.8 の平均相対湿度	85.4%	72.2%

　上記の月平均温度と月平均相対湿度は、気象庁が公開している過去の気象データに基づいたデータである。70年間で平均気温はもっと変化していると思ったが、軽井沢では1℃、東京では1.2℃しか上昇していない。気温、相対湿度の計測は、直射日光を避けて百葉箱での自然通風方式、またはファンがついた通風筒での強制通風方式のいずれかで、同時に相互に近接した場所で計測される。自然通風方式では昼間は、通風筒方式より0.1℃～0.2℃高く表示され、夜間はやや低く表示される様である。なお測候所では、温度は白金線センサの抵抗値変化、湿度は誘電体を高分子膜で作ったコンデンサの静電容量変化で計測している。従って軽井沢の旧道やアウトレット、東京の街の中の様に舗装され、直射日光が当たり、車やエアコンの排気がある様な場所とでは、上記に示す気象データの値は大きく異なる。

　ここで平均温度、平均相対湿度、相対湿度の定義を明確にしておく。日平均温度と日平均相対湿度は、1日の毎正時の24個のデータ平均値である。しかし1960年以前は3時間毎とか、6時間毎の計測であり測定点数が少ない。月ごとの平均温度、平均相

対湿度は、その月の毎日の平均値の月ごとの平均値である。

　湿度とは空気中にどれだけ水蒸気が存在するかを示すものであり、天気予報等で言う湿度は相対湿度(RH)のことである。相対湿度は次の式で表される。

　相対湿度（％）＝｛水蒸気圧（量）÷飽和水蒸気圧（量)｝× 100
温度に対する飽和水蒸気圧（量）の関係のグラフを次に示す。

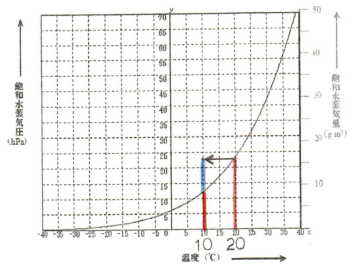

温度と飽和蒸気圧（量）の関係

　相対湿度を表す式では、その意味する所が分かりにくいので文章と上記のグラフで説明すると、「ある温度の空気中に含みうる最大限の飽和水蒸気量と比べて、その時点での空気中にどの程度の水蒸気を含んでいるか」を上記の式は表している。温度と飽和水蒸気圧（量）の関係図において、例えば 20 ℃では背の高い赤線だけ水蒸気がある（相対湿度は100％状態）として、その空気

が 10 ℃まで冷えると、今まで空気中に保持されていた青色で示す量の水蒸気は、室内では結露、屋外では霧や露の状態で放出される。そして空気中に保持できる水蒸気は背の低い赤線の量となる。20 ℃の背の高い赤線も、10 ℃の背の低い赤線も相対湿度としては両方とも 100 ％であるが、10 ℃での空気中の水蒸気の絶対量は、20 ℃の時の水蒸気量の約 1/2 になり、10 ℃の時の方が乾燥した空気になる。このように気温が低いと空気中に含みうる水蒸気量は少なくなるので、低温になると空気は乾燥して相対湿度は 100 ％でも乾いた空気になる。この様な訳で冬は空気が乾燥するので、それが冬に火事が多い原因の一つとなる。

　ある時点での空気中の水蒸気の含有量が、飽和水蒸気量の 1/2 であれば、その温度での相対湿度は 50 ％となる。

　相対湿度の定義が分かれば、先に示した東京と軽井沢の平均温度と平均相対湿度の表において、軽井沢の方が東京より平均温度は低いが、相対湿度は高い理由が納得できると思う。要は軽井沢の方が、相対湿度は高いが温度が低いので、空気中に含まれる水蒸気の絶対量は東京より少なくなるので、さらっとした乾いた空気になるのである。

　空気中から放出された後の水蒸気の振る舞いの具体的な例を挙げると、室内では窓ガラスへの結露、屋外では霧や水滴が草や苔に付着する現象である。別の例としては、ガラスのコップによく冷えたビールやジュースを入れるとコップの回りに水滴がつく。これはコップが冷えたビールやジュースでグンと冷やされると、コップの回りの空気も冷えて空気中に存在していた水蒸気を保持できなくなり、水滴となってコップの回りに放出されるためである。前夜に入浴で使用したタオルが朝になっても濡れたままであるのは、タオルの表面には初めから水滴が付着しており、室内の温度が下がると空気中に含有できる水蒸気量は減少するので、タオル表面の水滴が空気中に水蒸気として吸収されることはないの

で、タオルは濡れたままの状態を維持するからである。

なお軽井沢の温湿度等の気象データは、追分郷土館の裏にある軽井沢測候所で測定している。軽井沢測候所は最近無人化されて、観測データは長野地方気象台に伝送している。軽井沢測候所での気温・相対湿度計測は前にも述べたが、それぞれ 1925 年、1941 年からであるので、ショーが体験した荒野然とした Moor 状態時代の軽井沢（第 8 章参照）の温湿度データは存在しない。

現在の軽井沢の湿度に影響を与える要因の一つは、昼間に樹木から蒸散する水蒸気である。『軽井沢避暑地 100 年』の写真を見ると、明治末期から大正期にかけての軽井沢の風景は、既にアーネスト・サトウが Moor と称した荒野然とした風景ではなく、場所にもよるが樹木が増えてきている。従って明治末期から大正期においては、旧軽井沢地区においてもショーが体験した、当時の軽井沢の気候とは多少異なっていると想像できる。

ここまでは気象庁が公表している過去のデータを、インターネットで調べた結果に基づいての考察であるが、自分自身で温湿度を測って検討を進めることにした。4 月に入り管理事務所が山荘の水道の元栓を開けたので、湯沸かし器や家の内部の点検に行った 4 月 15 日〜 17 日に、持参した温湿度計で測定を行った。測定場所は 1 階のベランダであり、湿度は相対湿度で測定した。

庭の樹木はほとんど落葉していて空や中軽井沢の町、走行する新幹線も双眼鏡で見える空気の通りの良い状態であり、ベランダの屋根によって直射日光は遮られており温湿度計測には良い条件であると思った。測定データを次に示す。測定中ずっと温湿度計の所にいたわけではないので、測定時刻は飛び飛びであるが有益なデータが得られた。

このグラフで分かることは、気温(TEMP)も相対湿度(RH)も 1 日の内で大きく変化していることである。相対湿度は温度が高いときに低く、温度が低いときは高くなる傾向にある。これは相対

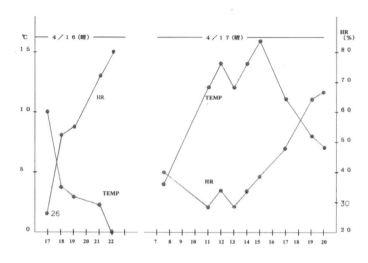

千ケ滝地区の温度と相対湿度の実測（２０１６．４）

湿度を求める計算式の分母となる飽和水蒸気圧（量）が、温度が低い時は小さくなり、また温度が高い時はが大きくなることから理解できる。

　４月16日の相対湿度の変化を見ると、10℃の温度変化に対して相対湿度は54％も変化していることから、1日の平均相対湿度値ましてや1ヶ月の平均相対湿度値から軽井沢の夏の湿度を論じることは難しく、平均湿度値は大雑把な傾向の情報でしかないと言う気がしてきた。

　ショーの頃は荒野然としたMoorの状態であるので、湿度が今より低かったことは想像できるが、場所にもよるが樹木が茂ってきた明治後期から大正初めにかけての人が、「当時の軽井沢は現在より乾燥していて涼しかった」と言うのはどういうことか考えた。当時の人が温湿度を測って、その結果に基づいてその様に

言ったのではないと思う。そこで思いついたのは不快指数という考え方である。不快指数(F) は、
F ＝ 0.81T ＋ 0.01RH ×（0.99T-14.3）＋ 46.3 で求められる。ここで T は温度(℃) であり、RH は相対湿度値(%)である。不快指数の計算式を見ると、不快指数は温度が支配的であり特に 14.5℃付近では、相対湿度によらず不快指数は 58（肌寒い）になる。

この式を使用してショー時代の不快指数を求めたいが、当時の最高気温、その時の相対湿度データは存在しない。そこで次の方法でショー時代の夏の日の最高温度を推定することにした。

①軽井沢の 8 月の一番暑いと思われる 5 日間の、一番古い時期の平均温度と最高温度を調べ、その差から日最高温度は日平均温度より何℃高いかを求める。

② 1875 年代 8 月の軽井沢の平均温度を、東京と軽井沢の 100 年間前後の 8 月の平均温度データから推定する。

③②で推定した 1875 年代の軽井沢の平均温度に①で推定した（日最高温度－日平均温度）値を加えて、1875 年代の 1 日の中での軽井沢の最高温度を求める。

①の調査結果：軽井沢で一番古い正時毎の温湿度データは、1965 年からであるので、1965 年 8 月 15 日～ 19 日の平均気温、最高気温の平均値を求めた。上記 5 日間の日平均気温の平均値は 20.1 ℃、日最高気温の平均値は 24.7 ℃であった。従って日最高気温は、日平均気温より 4.6 ℃程度高いと推定した。同様に日最低気温は、日平均気温より 4.6 ℃程度低いことが分かったのでこれを目安に検討するすることにした。

②月平均温度データは、東京は 1875 年から軽井沢は 1925 年からあるので、東京については 1875 年～ 1880 の 8 月、1941 年～ 1945 年の 8 月、2011 年～ 2015 年 8 月の月平均温度の平均値、軽井沢については、1941 年以降は東京と同時期の月平均温度の平均値、そして一番古い月平均温度である 1925 年～ 1929 年の 8 月

の月平均気温の平均値を求めてプロットしてみた。以下にそのグラフを示す。

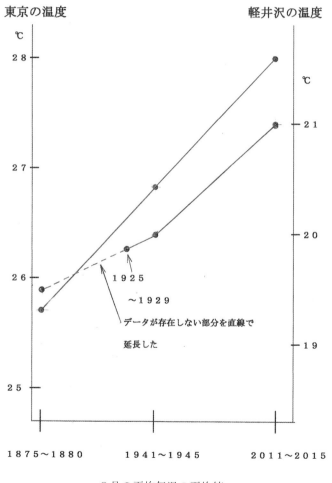

8月の平均気温の平均値

東京は約70年スパンの5年ごとの8月の月平均温度の平均値であるが、ほとんど直線になった。軽井沢は1925年以前のデータがないので、1925年〜1929年で折れ曲がった線を1875年に向けて延長してみた。その結果、1875年頃の8月の平均気温は19.5℃となった。1925年〜1929年で折れ曲げずに、東京のグラフと同様に直線で延長すると19.3℃であり、その差は0.2℃であるので19.5℃を目安とすることにした。

　①の結果と合わせて、1875年〜1880年の軽井沢の最高気温は24.1℃程度であると推定した。また相対湿度は、現存する軽井沢のデータから75％と類推した。ここで不快指数の考えを導入して、下記に不快指数と気温・相対湿度の関係の表を示す。

相対湿度(%) \ 温度(℃)	15	16	17	18	19	20	21	22	23	24	25	26	27	28	29	30	31	32	33
0	59	59	60	61	62	63	63	64	65	66	66	67	68	68	69	70	71	72	73
5	59	59	60	61	62	63	64	65	65	66	67	67	68	69	70	71	72	73	73
10	59	59	60	61	62	63	64	65	66	67	67	68	69	70	71	72	73	73	74
15	59	60	60	61	62	63	64	65	66	67	68	69	70	70	71	72	73	74	75
20	59	60	61	62	63	64	65	66	67	68	68	69	70	71	72	73	74	75	76
25	59	60	61	62	63	64	65	66	67	68	69	70	71	72	73	74	75	76	77
30	59	60	61	62	63	64	65	66	68	69	69	70	71	73	74	75	76	77	78
35	59	60	61	62	63	64	66	67	68	69	70	71	72	73	74	75	77	78	79
40	59	60	61	62	64	65	66	67	68	70	70	71	73	74	75	76	77	79	80
45	59	60	61	63	64	65	66	68	69	70	71	72	73	75	76	77	78	80	81
50	59	60	62	63	64	65	67	68	70	71	71	73	74	75	76	78	79	80	82
55	59	60	62	63	64	66	67	68	70	71	72	73	75	76	77	79	80	81	83
60	59	60	62	63	64	66	67	69	70	71	72	74	75	77	78	79	81	82	84
65	59	60	62	63	65	66	68	69	70	72	73	74	76	77	79	80	82	83	84
70	59	60	62	63	65	66	68	70	71	72	73	75	76	78	79	81	82	84	85
75	59	60	62	64	65	67	68	70	71	73	74	75	77	79	80	82	83	85	86
80	59	61	62	64	65	67	69	70	72	73	74	76	78	79	81	82	84	86	87
85	59	61	62	64	66	67	70	71	72	74	75	77	78	80	82	83	85	86	88
90	59	61	62	64	66	68	70	71	73	74	75	77	79	81	82	84	86	87	89
95	59	61	63	64	66	68	70	72	73	75	76	78	79	81	83	85	86	88	90
100	59	61	63	64	66	68	70	72	73	75	77	78	80	82	84	86	87	89	91

不快指数表

　日本人は不快指数が70の時に一番快適と感じて、75になると約9％の人が不快に感じ、そして77になると約65％の人が不快に感じると言われている。要は黄色い範囲を中心として、青エリ

ア〜薄青エリアが、体感的に気持ちの良い温湿度範囲と言う事ができる。以下に不快指数値の評価を示す。

不快指数	体　感
〜55	寒い
55〜59	肌寒い
60〜64	寒くない
65〜69	快い

不快指数	体　感
70〜74	暑くない
75〜79	やや暑い
80〜84	暑くて汗が出る
85〜	暑くてたまらない

不快指数の評価

　不快指数表では、例えば「気温 20 ℃／相対湿度 100 ％」でも「快い：黄色エリア」になるのは、常識的に納得し難いと思う人がいるかもしれない。不快指数表は、相対湿度の定義と温度と飽和水蒸気圧（量）の関係、温度と空気中の水蒸気の振る舞い等についての知識がないと誤解を生じることがある。136 ページ〜 138 ページを再読して頂ければ、納得して頂けると思う。

　不快指数表は、相対湿度の意味を知って使用すると便利であるが、「不快」と言う言葉が強調された表現で内容に相応しい名称ではないと思う。「体感気候指数」とでも呼んだ方が良いのではないだろうか。

　検討結果に基づいて、東京と軽井沢の 1875 年〜 1879 年 8 月の体感気候、2015 年 8 月 15 日の東京と軽井沢の体感気候の推定と実測値を表に纏める。この表から分かる様に夏の軽井沢は、今も昔も別天地であることに変わりない。

　随分遠回りをしたが、「昔の軽井沢は乾燥していて涼しかった」と言う話について考えてみる。明治初期には樹木から蒸散する水蒸気は少なく、また風通しも良く、不快指数値からも快い状況が分かり、そして当時の東京と軽井沢の平均温度差から換算すると飽和水蒸気量は、軽井沢の方が東京より約 32 ％も少ないので「昔

の軽井沢は東京より乾燥していて涼しい」と言う印象は、その通りであったと思う。状況は同じであるが現象の順番は「乾燥しているので涼しい」ではなくて「涼しいから乾燥している」である。

軽井沢と東京の昔と現在の体感気候検討結果

1875年～ 1879年 8月 軽井沢	最高気温 24 ℃(推定) 相対湿度 75 %(類推) 不快指数 73(暑くない)	最低気温 15 ℃(推定) 不快指数 59(肌寒い)
	平均気温 19.5 ℃(94 %)	不快指数 68(快い)
1875年～ 1879年 8月 東京	最高気温 30 ℃(推定) 相対湿度 62 %(類推) 不快指数 79(やや暑い)	最低気温 21 ℃(推定) 相対湿度 83 %(類推) 不快指数 69(快い)
	平均気温 25.7 ℃(81 %)	不快指数 76(やや暑い)
2015年 8月15日 軽井沢	最高気温 28 ℃ 相対湿度 58 % 不快指数 77(やや暑い)	最低気温 17.7 ℃ 相対湿度 100 % 不快指数 64(寒くない)
	平均気温 21.3 ℃(87 %)	不快指数 70(暑くない)
2015年 8月15日 東京	最高気温 32.1 ℃ 相対湿度 60 % 不快指数 82(暑くて汗 　　　が出る)	最低気温 24.2 ℃ 相対湿度 95 % 不快指数 72(やや暑い)
	平均気温 27.7 ℃(76 %)	不快指数 80(暑くて汗 　　　が出る)

　明治時代の軽井沢の気候の検討では、古い温湿度データが存在せず、さらに正時のデータが登場するのが 1965 年からであるので結論が出せないかと思った。そして約 3 ヶ月間にわたり時々解決策を考えていたが、軽井沢で温度と相対湿度を測定したことからヒントが得られて、一応結論らしき考えに到達できた。多分、

大きくは違っていないと思う。

　最後に非常に大まかであるが、1875 年〜 1789 年の 8 月の軽井沢の不快指数表におけるエリア、2015 年 8 月 15 日における東京と軽井沢の不快指数表におけるエリアを示す。

昔と現在の軽井沢の不快指数表上での大まかなエリア

　以上は主に気象庁の百葉箱の中での温湿度データをベースにした検討であるが、特に旧軽井沢の別荘地は樹木が過密であり、風通しが悪いために絶対湿度が高いと思う。軽井沢で樹木を伐採するのは悪い事の様に言われるが、適正な樹木密度になるように樹木を伐採して、将来のために軽井沢に適した苗木を植えるというサイクルを繰り返せば快適な体感気候で山荘生活ができ、また軽井沢の森も良い状態になると思う。

１４．三笠ホテルのシャンデリア

　近衛文麿、同夫人、黒田長和、同夫人、毛利夫人、山本直良、里見弴ら戦前の上流階級と言われた人々が、軽井沢の三笠ホテルで会食している有名な写真がある。

三笠ホテルでの会食の写真（軽井沢土屋写真店蔵）

　写真左の白い和服姿の人物が近衛文麿であり、右から２番目の女性が近衛文麿夫人の千代子である。近衛文麿の隣は千代子の姉妹である黒田夫人、そして暖炉を背にしている女性は千代子達の母親である毛利夫人である。

　私は2015年8月30日に軽井沢ナショナルトラスト主催で「軽井沢の歴史と自然．Rev.A：エンジニアの視点から」と題する講

演を行った。その時に番外編として三笠ホテルの会食写真の撮影時期とシャンデリアの種類について、簡単な考察結果を述べた。

話の概要は、写真撮影時期は一般には1906年（明治39年）の開業当時と言われているが大正3年であり、シャンデリアは電灯であると言う見解である。その理由は、撮影年については近衛文麿と千代子が結婚したのが大正2年であり、千代子は大正4年4月3日の長男、大正5年に長女を出産している。そして千代子の左手薬指を見ると結婚指輪らしき指輪が見える。さらに明治39年には近衛文麿は、まだ15才であり写真の顔は15才には見えず、テーブルにはワインも置かれている。また軽井沢に電灯線が敷設されたのが大正3年であるので、この明るく輝くシャンデリアは電灯と考えられ自家発電をしていない限り、大正3年以降の写真であるとの私見を述べた。（詳述するが、電灯としたのは間違っていた）

講演終了後の質疑応答の中で、日本女子大学名誉教授の増淵宗一先生から「シャンデリアはガス灯の可能性はありませんか」との思いもかけない質問が出た。これに対して即答はできず、調査・検討を行うことにした。

まず西洋式ガス灯の歴史を調べると、1871年（明治4年）に大阪市造幣局およびその周辺で日本最初のガス灯が灯った。そしてガス灯が登場した明治初期には、ガス灯は室内灯としても使用されたがガスを室内で燃やすので換気の問題が生じて室内用ガス灯は早々に姿を消して、ガス灯はもっぱら屋外灯として用いられるようになった。

今、三笠ホテルのシャンデリアを問題にしている時期は、明治末期から大正初期の時代であり、ガス灯が登場して30年以上経過した時期であるのでガス灯であるハズがないと思った。

さらに明治時代の浮世絵師の三傑一人である小林清親（1847～1915）の一番弟子である井上安治(1864～1889)が、明治初期に描いた「駿河町夜景」と題する浮世絵に巡りあって、三笠ホ

テルのシャンデリアはガス灯ではないとの確信を深めた。

　井上安治は光線画に優れた作品を残したが病弱で 26 才で夭折した浮世絵師であり、彼が描いた裸火のガス灯が灯る明治初期の駿河町の夜景（1881 〜 1889 年頃）には多くの情報が含まれていることに気がついた。（駿河町は、現在の中央区日本橋室町である）

「駿河町夜景」東京ガス ガスミュージアム蔵

　この浮世絵には、満月の月の光と裸火のガス灯の光が共存するエリアと、建物の影になって満月の光が届かず裸火のガス灯の光だけが届く二つのエリアがある。そして両方の光が届くエリアにできる人物や馬車の影は満月の光による影であり、一方、満月の光が届かないエリアにできる影はガス灯による影であることが分かる。すなわち満月の明るさの方が、裸火のガス灯の明るさより明るいと言うことが分かり、この時点では三笠ホテルのシャンデリアは、やはり電灯であるとの確信が深まったわけである。

しかし増淵先生の質問が気になり、軽井沢図書館での調査、三笠ホテル再訪、江戸東京たてもの園（東京小金井）の「照明の変遷」と題する特別展示を見学して思わぬ展開となった。

　まず中軽井沢にある軽井沢図書館で、『軽井沢町誌（歴史編）』を調べると、三笠ホテルでの会食の写真が掲載されており、その説明は「・・・開業当時の記念パーティーの写真には、ガス燈のシャンデリアの室に大テーブルがおかれ暖炉の前に毛利夫人、・・・」と記述されていた。三笠ホテルの開業は、1906年（明治39年）であるので、要は「この写真は明治39年撮影で、シャンデリアはガス灯である」と説明しているのであるが納得し難い。

　三笠ホテルは何度も見学しているが、シャンデリアがガス灯か電灯かと言う目で見学に行った。会食を行った部屋は、写真の一番右の前に張り出した1階の部屋である。この部屋の玄関側の壁

旧三笠ホテル（一番右の1階が写真の部屋）

１４．三笠ホテルのシャンデリア

面に白い縦長の部分があるが、これは暖炉の煙突である。そして室内から見ると暖炉の左側に縦長の窓が2つ、右側に1つあり問題の写真と一致する。

　現在、(国) 重要文化財として公開されている旧三笠ホテルは、創業時の場所から少し移動した場所に建っており、創業時代に存在した一部の部屋は現存していない。しかし創業時の図面と模型が残っており、問題の写真における暖炉と縦長窓の関係を満足する部屋は、写真の一番右の部屋だけであることが確認できた。

　シャンデリアの部屋に行くと、毛利夫人が背にした暖炉の上に問題の写真が展示されていた。また写真の説明には大正初期と書かれていた。今まで軽井沢町誌（歴史編）をはじめ、その他の書物では開業時又は明治末期となっている書物ばかりであったが、この表記は正しいと思った。その隣に「開業当時からのシャンデ

現在使用されているシャンデリア

リア」と記された説明板があった。

　現在使用しているシャンデリアは、この写真の通りであり近衛文麿達の会食の写真に写っているシャンデリアとは明らかに異なっている。そこで、この不可解なシャンデリアの説明文はどのように解釈したらよいのだろうかとしばらく考えているときに、東京都小金井市にある江戸東京たてもの園で「照明の変遷」という特別展示があることに気付き早速行ってみた。

不可解なシャンデリアの説明板

　江戸東京たてもの園での展示を見ると、明治初期に裸火の室内用ガス灯が早々に姿を消して、裸火のガス灯は屋外用専用になったことは今までの理解通りであった。したがって電灯が出現するまでは室内では、ランプとローソクの生活であったと思っていた。しかし、その後ガス・マントルと呼ばれる物が発明されて日本に

おいては明治後期からガス・マントルを使用した室内用ガス灯が、電灯が出現するまでの一時期使用されたことを知った。

ここで講演会の番外編で「ガス灯の可能性はありませんか」とのコメントをされた増淵先生に、「確信揺らぐ」と題するメールをお送りした。そしてガス・マントルとはどのような物であるか調べると、1886 年にオーストリアのウエルスバッハが発明した物であり、麻や人絹の繊維に硝酸セシウムや硝酸トリウムを含浸させて作った多少目が粗い小型の袋である。

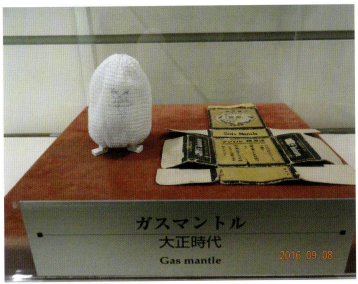

ガス・マントル（東京ガス ガスミュージアム蔵）

このガス・マントルでガスの炎を包むようにすると、ガスの炎で燃焼して灰化したガス・マントルが、裸火のガス灯の明るさより 6～7 倍明るく白色に発光するという。したがってガス・マントルを使用したガス灯は、従来の裸火のガス灯と区別して白熱ガ

ス灯と呼ぶという。この白熱ガス灯が、明治後期から電灯が出現する大正初期までの一時期に室内用として使用されたのである。このようにガス・マントルの使用で裸火時代のガス灯より6〜7倍明るくなったので、ガスの流量を裸火のガス灯の時より低減させることができて、換気の問題は緩和されて白熱ガス灯が一時期室内灯としても普及したのだと思う。

この様なことが分かると、三笠ホテルのシャンデリアはガス灯か電灯かを再検討が必要となった。

まず「開業時からのシャンデリア」と説明されているが、現在のシャンデリアは開業時のシャンデリアとは異なっているので、この不可解な説明文について考えた。私の考えでは、この説明文は誤っており「電灯が来た時から使用しているシャンデリア」と書くべきであると思う。なぜならば現在下がっているシャンデリアは、開業時からのシャンデリアとは別物であり、開業時には設置されていなかった電灯式だからである。従って近衛文麿達が写っている写真のシャンデリアは、ガス・マントル付のシャンデリアとなる。

写真は現在のシャンデリアの電気配線の状況であるが、その気で見ないと見逃してしまうが、電線を通したパイプが天井に露出した状態になっている。

これはガス・マントル付のシャンデリア用のガス配管ルートを、電気配線ルートに変更したためと考えられる。

軽井沢での電灯の敷設は、大正3年7月12日から旧軽井沢→新軽井沢→沓掛→離山の順で行われた。三笠ホテルは旧軽井沢地区であるが少し奥まっているのと、室内のガス配管を電気配線に変更する工事、そしてシャンデリアの交換は夏の繁忙期には、とてもできないので大正3年の夏はガス・マントル付ガス灯を使用して、大正3年の晩秋または大正4年の早春に電灯式シャンデリアに変更されたと考えられる。

シャンデリアの配線状況

　今までの調査・検討から、近衛文麿達が写っている三笠ホテルで会食の写真の撮影年とシャンデリアの種類は、下記の通りであるとの結論に至った。
＊写真撮影年は、大正2年または大正3年の夏
＊シャンデリアの種類は、ガス・マントル付ガス灯（白熱ガス灯）
　では、なぜガス・マントルを付けると明るくなるかを考えた。ガスの裸火はガス・コンロで使用される熱源であり、発する光は熱線（赤外線）領域が大部分で可視光領域の成分は少ないので暗く見える。一方、ガスで加熱されたガス・マントルが発する光のスペクトラムは、可視光領域にあるので明るく感じるのであると思う。要はガス・マントルは、光の周波数変換器の様な役割をしていると思う。ガス・マントルはセシウムやトリウムを含浸させ

た糸を使用するので、放射線が出ないか気になるが、明治末期から大正初期の約10年間ガス・マントルが使用されたが特に放射線の問題の話は聞いていないし、現在でもキャンプ用のガスランプではガス・マントルが使用されているとのことであるので、放射線が発生するとしても微量なのだろう。

　ガス灯について述べてきたが、私は今まで点灯したガス灯を見たことがなかった。調べてみると東京都小平市に東京ガスのガスミュージアムがあり、ここのガス灯館で見られることが分かったので行ってみた。明治42年築の東京ガス本郷出張所と明治45年築の東京ガス千住工場計量器室を、移設復元した堂々としたミュージアムである。庭に16個のガス灯が並んでおり、その内の1つは裸火、残りはガス・マントル式であり昼間でも点灯していた。館内にはガス灯の歴史、立派なガス灯器具、ガス灯を描いた錦絵等の展示があり充実している。そして部屋を暗くしてロウソク、裸火のガス灯、ガス・マントル付のガス灯の点灯実演をしてくれた。これらの光源のなかでガス・マントル付ガス灯が一番明るかった。ガス・マントル付のガス灯の写真を158ページに示すが、光は白色に輝き三笠ホテルのシャンデリアの光に類似していると感じた。明るさは白熱電灯の20W〜30W程度の感じである。また裸火のガス灯のガスの流量は、ガス・マントル付ガス灯より多くしているとのことで、裸火とガス・マントル付との明るさの定量的な比較は難しい。ガスの種類は昔は石炭ガスであったが、現在は天然ガスを使用しているという。天然ガスは石炭ガスより発熱量は6倍程度大きいので、明治後期〜大正初期のガス・マントル付ガス灯の明るさは、点灯実演での明るさと異なるのではないかとも思った。しかしガス・マントルが加熱されて発光する光の色は、ガスの種類や流量への依存度は少ないとも考えられるので、三笠ホテルのシャンデリアはガス・マントル付ガス灯であるとの確信をさらに深くした。

東京ガス ガスミュージアム

　また裸火のガス灯は炎がゆらゆらして不安定感があるが、ガス・マントル付ガス灯は炎は見えず、輝きは安定して電灯のような感じの光源であった。
　講演会での増淵先生のコメントがきっかけとなり、約1年間にわたって、ガス灯の調査・検討を大いに楽しむことができ、また知識が増えた。

暗くした室内で点灯したガス・マントル付ガス灯

１５．軽井沢でのシャッターチャンス

　軽井沢の四季折々の風景は美しい。寒い冬が終わるとコブシが咲き、続いて桜が咲く。そして少し経つと新緑の季節となり、軽井沢が賑やかになる。そしてアサマキスゲが咲いて夏になり、突然涼しい秋になり、静かな軽井沢に戻って寒い冬が来る。

　季節の変化は突然で、また年によって季節の変わり目が異なる。従って私の様に軽井沢に定住していない者にとっては、天候も関係するので、軽井沢のとっておきの季節の写真を撮影するチャンスを得るのは難しい。ここに四季の写真を示すが、私は浅間山を

「春」浅間山と桜（木下裕章氏撮影）

背景とした桜の写真撮影のために今年は2回軽井沢行きをした。しかし1回目は浅間山は綺麗に見えたが桜は一分咲き、次の時は桜は満開だったが曇って浅間山が見えずで期待した様な写真が撮れなかった。この本の大部分の写真は私が撮影したが、その様な訳で、この章の「春」の写真は軽井沢ナショナルトラストの木下裕章さん撮影の写真を許可を得て掲載させて頂いた。木下さんは、腕もカメラも良いが、最高のシャッターチャンスの日に絵のような実に美しい春の風景写真を撮影したのである。

　軽井沢には四季折々の美しさや楽しみ方があるが、私は音まで凍ってしまったように静かな冬の軽井沢が好きである。

「夏」昭和天皇行幸の碑付近から望む浅間山

「秋」紅葉

「冬」雪の日のショー礼拝堂

あとがき

　自費出版本である『軽井沢の自由研究・増補版』(2014 年 5 月発行) はエンジニアのセンスで、一般には気がつかない所に着目して調査・検討・解析を行った内容を記述したので、通常の軽井沢本とは趣を異にしている。

　このような所が一部の方に評価して頂いたのか、2015 年には軽井沢図書館及び軽井沢ナショナルトラストから講演の依頼を頂いた。このときは主に『軽井沢の自由研究・増補版』で記述した内容について話をした。

　2016 年には、再び軽井沢ナショナルトラストから講演の依頼を頂いた。2016 年はショーが軽井沢で最初の避暑をしてから 130 年目の節目の年であるので、それなりの話が必要であるのと 2015 年とは同じ話はできないので、約 110 枚の Power-Point の資料を作成するための調査・検討に約 4 ヶ月を要した。

　2016 年の講演会で話したアーネスト・サトウと軽井沢の関係や Moor のこと、ショーさん時代の軽井沢の気候のこと、三笠ホテルのシャンデリアのことなどは、軽井沢の郷土史資料に記述されていないか、記述されていても間違った部分があるので、書物として、これらの事実を残しておきたいと思ったのが『新版・軽井沢の自由研究』を出版したいと思ったきっかけである。

　そして増補版以降に分かったこと及び今までの内容の修正を含めて、今回『新版・軽井沢の自由研究』を出版することにした。

　それにしても、『軽井沢の自由研究』を出版した時点では考えてもいなかった展開となった。それは講演会には多くの方々に参加して頂いて、今までお付き合いしていたフィールドとは異なるフィールドの方々とお付き合いができる様になって、軽井沢談義

をしたり、軽井沢の情報交換をしたり、また考えるヒントを頂いたりして軽井沢研究を楽しんでいる。衛星開発は楽しかったが、軽井沢研究も衛星開発に負けず劣らず楽しいことである。

『新版・軽井沢の自由研究』では記述していないが、現在は軽井沢の環境と再生エネルギーについて考えている。

太陽電池と太陽光発電には衛星開発で40年以上関係しているので、太陽電池とその使用方法については熟知しているつもりである。太陽電池発電は、地球周回衛星では唯一のそしてベストの方法である。しかし地上で太陽光発電をする場合は、理由は長くなるのでここでは割愛するが、特に売電をする場合は問題が多い手段であると考えている。

それではどのような再生エネルギーが良いかとなると、それは地域の特徴を活かした方法となり、何が良いかは一概には言えない。軽井沢の場合を考えると、水資源が豊富で豊かな森林があることから、小規模水力発電とバイオマス発電の組み合わせは検討する価値があると思う。小規模水力発電は、星野リゾートでの長い経験と成功例があるが、バイオマス発電も効果のある手段になり得ると思う。

バイオマス発電とは、未利用の木材、農産物の残渣、建築廃材等を燃焼させる火力発電である。木材などは成長する過程で空気中のCO_2を吸収しているので、燃焼してCO_2が発生してもCO_2の発生量は差し引きゼロであるので、カーボン・ニュートラルと言われ空気中のCO_2を増大させない発電方式である。

軽井沢には人々を癒やす緑豊かな森があるが、一部の地域は樹木の密度が過密になり風が通らないために湿気が大きな問題になっている。『新版・軽井沢の自由研究』の第13章で、現在の軽井沢の気候と不快指数についても検討し、今でも軽井沢は別天地であると述べた。しかし第13章のデータは、風が通る百葉箱の中の温湿度データで論じており、樹木に埋もれたような別荘におい

ては風が通らず、湿気の問題で苦労しているところが多いという。軽井沢では樹木を伐採することは「悪い事だ」という固定概念がある様であるが、樹木が適性密度になるように伐採して風通しを良くして、数十年先のために伐採後は軽井沢に適した苗木を植えるというサイクルを繰り返せば、ある程度のバイオマス発電燃料が継続的に得られると思う。

　勿論、小規模水力発電と小規模バイオマス発電だけでは軽井沢町に必要な全電力には足りないと思うが、不足する電力は中部電力から購入するという方法をとれば、公害の発生なしの電力は得られて、さらに伸び放題の森林ではなく適正な樹木密度を有する綺麗で元気の良い森ができるのではないだろうか。ローカルに発電した電力を電力会社の基幹電力線に供給することは、基幹電力系統の安定性を乱すので売電はせず、軽井沢町内というローカルな範囲限定で再生エネルギーを使用すると言う所が、この考えのミソである。ハードルは幾つかあると思うが、将来の軽井沢のために検討する価値はあるのではないかと思っている。

　軽井沢談義で軽井沢ナショナルトラストの木下裕章さんから、軽井沢とアーネスト・サトウと Moor について考えるヒント、本間英一郎に関してはショー祭での英一郎の孫である小林さえさんのアフタヌーン・トークでの語録、そして正宗白鳥の『今年の秋』の情報を提供して頂き感謝している次第である。

　今回はアーネスト・サトウの調査・検討にのめりこんだ。参考文献に示す通りアーネスト・サトウに関する5冊の本を読んだが原文が見たくなった。調べると手書の原文は英国の公文書館にあり、そのコピーが横浜開港資料館にあることが分かった。早速行ってみると膨大な量の原文コピーがあり、記述日を手がかりに読みたい部分を探し当てた。何しろ達筆な手書きであり、不明瞭なコピーの部分もあるので解読には悪戦苦闘であるが、楽しみながらアーネスト・サトウの手書日記の原文を読み解いている。

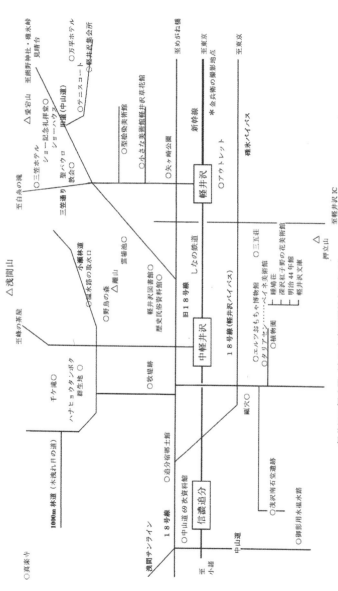

軽井沢の概略図（主に本書に関係する部分）

参考文献

1. 軽井沢観光協会　『軽井沢検定公式テキストブック』
　　　　　　　　　　　　　軽井沢新聞社　　2010.1.15
2. 軽井沢町誌刊行委員会　『軽井沢町誌　自然編』1987.3.31
3. 国立天文台編　『平成23年　理科年表』　丸善株式会社
　　　　　　　　　　　　　　　　　　　　　2010.11.20
4. 岸本豊　『新版　中山道69次を歩く』　信濃毎日新聞社
　　　　　　　　　　　　　　　　　　　　　2008.11.8
5. 岸本豊　『北国街道を歩く』　信濃毎日新聞社　2010.3.1
6. 堤隆　『浅間嶽大焼』　浅間縄文ミュージアム　2004.3.25
7. 柏木易之　『御影用水・新田・陣屋』(改訂版)
　　　　　　　　　　　編集：(株)櫟　　2009.12.1
8. 宍戸まこと　『軽井沢別荘史（避暑地百年の歩み）』
　　　　　　　　　　　住まい図書出版局　　1987.6.20
9. 宮脇俊三　『失われた鉄道を求めて』文春文庫　2011.5.10
10. 宮原安春　『軽井沢物語』　講談社　　　　1994.7.15
11. 清水慶一　『ニッポン近代化遺産』　NHK出版　2007.10.1
12. 富岡市　『富岡製糸場　解説書』(改訂版)　2008.12.1
13. 軽井沢町教育委員会　上野佳也編　『長野県北佐久郡
　　軽井沢町文化財報告書　軽井沢茂沢南石堂遺跡　総集編』
　　　　　　　　　　　　　　　　　　　　　1983.10
14. 国土地理院　1／25,000地形図「浅間山」、「軽井沢」、
　　「御代田」、「南軽井沢」、「小諸」、「車坂峠」
15. 中島松樹編　『軽井沢避暑地100年』
　　　　　　　　　　　　　国書刊行会　　1987.8.10

16. 伊藤東作他　『全国鉄道と時刻表3、関東・中央・上信越』
　　　　　　　　　　新人物往来社　　　1985.10.11
17. 松本智彦　　『カシミール 3D 入門編』
　　　　　　　　　　実業之日本社　　　2011.6.10
18. 中村啓信　『日下部金兵衛』　国書刊行会　　2006.7.30
19. 有澤豊志　"モールス通信のお話"電子情報通信学会誌
　　Vol.95　No.10　pp.939-942　2012
20. メアリー・フレーザ『英国公使夫人の見た明治日本』
　　淡交社　1988.3.20
21. 斎藤多喜夫　　『幕末明治　横浜写真物語』吉川弘文館
　　2004.4.1
22. 堤隆　『浅間（火山と共に生きる）』ほおずき書房　2012.3.11
23. 夏目雄平　　『駅から訪ねる小さな旅』　信濃毎日新聞社
　　2008.7.25
24. 増田彰久　　『近代化遺産を歩く』　中公新書　2001.9.25
25. 歴史読本編集部　『古事記日本書紀に出てくる謎の神』
　　新人物往来社　2012.7.14
26. 藤森照信　　『日本の近代建築（上）』　岩波新書　2011
27. 東京美術　『中山道分間延絵図』第6巻、第12巻および
　　解説篇　　　　　　　　　　　　　　　　　1981.5.30
28. 萩原延壽　　『遠い崖－アーネスト・サトウ日記抄』
　　9巻.岩倉使節団（1871.1 ～ 1873.9)
　　　　　　　　　　朝日新聞出版社（朝日文庫）2011.7.10
29. 萩原延壽　　『遠い崖－アーネスト・サトウ日記抄』
　　13巻.西南戦争（1877.2 ～ 1878.10)
　　　　　　　　　　朝日新聞出版社（朝日文庫）2011.7.10
30. 萩原延壽　　『遠い崖－アーネスト・サトウ日記抄』
　　14巻.離日（1878.11 ～ 1889.4)
　　　　　　　　　　朝日新聞出版社（朝日文庫）2011.7.10

31. アーネスト・サトウ　庄田元男訳『日本旅行日記１』
　　　　　　　　　　　　　　平凡社（東洋文庫）1994.12
32. 小島英記　『幕末を動かした 8 人の外国人』
　　　　　　　　　　　　　　東洋経済新聞社 2016.1
33. アーネスト・サトウ『自筆日記原本コピー』
　　　横浜開港資料館蔵　（自筆日記原本は英国公文書館蔵）
34. .軽井沢町誌刊行委員会『軽井沢町誌 歴史編（近・現代）』
　　　　　　　　　　　　　　　　　　　　1988.3.312
35. 大沢在昌訳、C.ドイル原作　『バスカビル家の犬』
　　　　　　　　　　　　　　講談社文庫　205.7.15
36. 株式会社　星野リゾートのホームページ
37. 浅間縄文ミュージアムのパンフレット
　　　　　　　　　　　　　　　「浅間火山と自然」
38. 浅間縄文ミュージアムのパンフレット
　　　　　　　　　　　　　　　「中山道　小田井宿」
39. 長崎大学附属図書館のホームページ
　　「幕末・明治期日本古写真」
40. 佐久市教育委員会のパンフレット「旧中込学校」
41.　気象庁のホームページ　過去の気象データダウンロード

索 引

「あ」

相生宿	96
間の宿	16
赤滝	50
赤レンガ倉庫	81
吾妻川	91
朝吹家別荘	23, 24
浅間大滝	91
浅間山	13, 41, 45, 99, 102,119,120,123
アサマキスゲ	34, 35, 159
浅間サンライン	72
浅間縄文ミュージアム	13, 96
浅間嶽	42, 77
浅間の焼け石	43
上松宿	127, 128, 133
アーネスト・サトウ	9, 10, 100〜104, 139,163, 165
芦田宿	101
愛宕山	49
アプト式鉄道	51, 52, 53, 55, 59, 60, 79,80, 81, 82, 84, 105, 112, 113
油屋	17, 53, 98
雨宮敬次郎	18
アラハバキの神	124
杏の里	32, 33
安楽寺	91

「い」

イギリス積み	81, 84, 85
市村代治郎	88
市村記念館	16, 34
井上安治	148, 149
入山峠	15
岩村田	66, 97
イングリッシュ・ローズガーデン	33, 34, 50

「う」

上田駅	91
上ノ原	16
ヴォーリズ	20, 21, 23, 24, 53
魚止の滝	91, 93
碓氷川	79, 97
碓氷新国道	51, 79, 97, 98
碓氷峠	16, 51, 73, 82, 87, 89, 110, 115
歌川広重	16, 99, 114
うだつ	75
上堰	49, 50, 68
海野格子	75, 76
海野宿	75
海野宿資料館	76

「え」

英国公使館	9, 10, 11, 102, 103
英国公文書館	103, 165
越後屋	130
榎本武揚	115

「え」の続き

江戸東京たてもの園	150
エジソン	112, 113
エムアイティ（MIT）	104
延喜式	14

「お」

大塚酒造	77, 78
大井川鐵道井川線	83
甌穴	89, 90
大日向	45, 46, 47
追分宿	16, 17, 99
追分郷土館	17, 31, 139
岡田時太郎	64
押立山	22
押立山ホテル	22, 23
鬼押出し	43, 66
オニヒョウタンボク	107, 108
小田井宿	95
小田井宿本陣	96
お歯黒池	50
オレンジヒル・レストラン	23
温度	135, 136, 141, 143, 144, 145

「か」

懐古園	31
火砕流	41, 43
笠取峠	101
夏至	119, 120, 121

「か」の続き

カシミール	99, 119
ガス灯	148, 149, 150, 157
ガス・マントル	152～156、158
柏木小右衛門	68, 69
桂並木	86, 87
和宮道	93
カブトムシ電車	58
かぶと山	96
釜ヶ淵橋	89
亀屋	62, 63
軽井沢駅構内煉瓦サイロの碑	84
軽井沢駅舎	18, 19
軽井沢駅舎記念館	53, 55, 58, 84
軽井沢からの浅間山	97, 98, 101, 109, 133
軽井沢検定	7, 98
軽井沢高原文庫	36
軽井沢集会堂	21
軽井沢宿	16, 17, 99
軽井沢測候所	31, 139
軽井沢図書館	7, 23, 150, 163
軽井沢町の文化財	13, 16
軽井沢ナショナルトラスト	8, 98, 147, 160, 165
軽井沢の鹿鳴館	64
軽井沢ホテル	17, 63
軽井沢本陣跡	17
軽井沢歴史民俗資料館	13
軽石流	41
借宿	16

「か」の続き

川越キリスト教会	81
川原田遺跡	13
鎌原	43
官牧	15, 99
乾板写真法	133
カーボンニュートラル	164

「き」

木曽川	112
北軽井沢	58, 91
北軽井沢駅舎	91
北向観音堂	91
旧朝香宮邸	15
旧18号線	79
旧中込学校	88
旧道	17, 23, 25,73,74,115,117,154
擬洋風建築	88
霧積温泉	18
金幣アルバム	97, 105
金幣写真館	97, 133
近代化産業遺産	19, 63

「く」

草津温泉	56, 57
日下部金兵衛	19, 50, 97, 99, 100, 105, 109 117, 127, 132〜134
沓掛駅	57
沓掛宿	16, 17, 99, 154

「く」の続き

沓掛宿本陣	95
草軽電鉄	56, 84, 91
熊野神社	73, 74, 110
熊ノ平駅	52
雲場池	49, 50
クリーン・エネルギー	70
黒斑山	41

「け」

軽便鉄道	56
渓斎英泉	16, 99, 114
夏至	119 〜 123

「こ」

降嫁	95
皇女和宮	95
皇女和宮拝領人形	96
公武合体	95
小海線	88
小瀬温泉	57
小瀬川	49, 50
小瀬林道	49, 50, 68
御膳水	49, 50
コニーデ火山	41
近衛文麿	20, 147
小林さえ	165
小林代造	19, 64
コブシ	31, 32, 159

「こ」の続き

五郎兵新田	68
近藤長屋	23, 73

「さ」

再生エネルギー	164, 165
坂本宿	16, 95, 109
佐藤萬平	62, 64
三五荘	86
サンセット・ポイント	73

「し」

自筆日記原本	103, 106, 165
塩沢湖	38
塩野牧	15
信濃川	49, 66, 91
しなの鉄道	56
島崎藤村	77
下堰	49, 50, 68, 69, 70
重要伝統的建物群保存地区	75
重要文化財	19, 65, 79, 83, 88
白糸の滝	49, 65
ショー	8〜11,18,61,62,99〜101、103, 133, 135, 139, 140, 163
ショーハウス	10, 11
ショー祭	61, 165
縄文時代	9, 13
シャーロックホームズ	103

「し」の続き

昭和天皇行幸の碑	45, 46, 160
シャンデリア	147,148,150 〜 152, 154 〜 156 163
シラス台地	43
信越線	55, 59, 60, 80
新幹線	56, 59, 60
新軽井沢	51, 154
神宮寺	31, 74
陣屋	68
真楽寺	42

「す」

水力発電	69, 70, 164, 165
杉瓜	13
駿河町夜景	148, 149

「せ」

成層火山	41
聖パウロ教会	17, 23, 25, 38
西南戦争	115
世界遺産	83
セゾン美術館	66
千が滝	49, 50, 66, 68, 70
千が滝せせらぎの道	67
千が滝不動尊	67
千が滝湯川用水	49, 50
善光寺	91
1000m 林道	72

「そ」

相対湿度	135 〜 138,141、143 〜 145
袖うだつ	75, 76
尊皇攘夷	93

「た」

第3橋梁	79
太陽光発電	164
大塚山（だいづかやま）	10
太陽暦	95, 127
田切地形	41, 43
田瀬屋	130, 131
ダニエル電池	117, 118
タリアセン	33, 34

「ち」

小さな美術館軽井沢草月館	34
千曲川	49, 50, 66, 91
千曲川旅情の歌	77
地層	44
血の池	50
血の滝	50, 97, 98
中右記（ちゅうゆうき）	42
勅旨牧	15

「つ」

筑波山	119, 121, 123
つらら	37
鶴溜	57, 58

「て」

テスラ	112, 113
鉄道唱歌	82
天仁の噴火	41, 42, 43, 44
天然記念物	66
天明の噴火	42, 43, 44, 66
天領	68
電力供給	112, 113
電信柱	115 〜 117, 127, 128, 130, 131

「と」

東京ガス ガスミュージアム	149, 156, 157
東山道	9, 14, 15
冬至	119
徳川家茂	93
徳川家定	117
利根川	91
富岡製糸場	83
泥川	49, 50

「な」

直江津	51
中山道	9, 16, 17, 18, 25, 95, 101, 109, 110, 117, 122, 130, 132 〜 134
中山道アルバム	97, 109, 110, 112, 117, 127, 132
中山道 69 次資料館	17, 109, 130, 134
長倉駅	15
長倉牧	15, 16
長崎大学	106, 122, 134

「な」の続き

長野県の天然記念物	81
長手積み	81
長久保宿	101
流津	88
奈良井川	112
南北戦争	115

「に」

濁川	49
二手橋	9, 17, 114, 115
日没	121, 123
日本キリスト教団軽井沢教会	21
日本聖公会ショー記念礼拝堂	10, 12, 61
日本の道・百選	75

「ぬ」

貫前神社　　　　　　　　　　119~121, 123, 124

「ね」

寝覚の床	127, 128, 132
練り粕	77, 78

「の」

野上弥生子　　　　　　　　　36

「は」

バイオマス発電　　　　　　　164, 165

「は」の続き

パーミル	82
煤煙防止膜	52
幕府直轄地	68
白熱ガス灯	153 〜 155
箱根登山鉄道	82
バスカービル家の犬	103, 104
馬車鉄道	51
八田裕二郎	18, 19
離山	57, 94, 99, 154
ハナヒョウタンボク	107, 108
裸火のガス灯	149, 152, 153, 154
刎石山	110

「ひ」

ヒカリゴケ	66
氷川神社	119 〜 122, 124
百葉箱	136, 146, 164
ヒョウタンボク	107
琵琶湖疎水	81

「ふ」

深沢紅子野の花美術館	34
不快指数	141, 143 〜 146
伏流水	65, 70
藤城清治	91
富士山	119, 121, 123
藤原宗忠	42

「ふ」の続き

フランス（フランドル）積み	81, 83, 84, 85
ブリュナ	81, 83
古宿	16
分水嶺	49, 91, 112

「へ」

ベアト	97
ペイネ美術館	24
平和の宮殿	114, 115, 127
別所温泉	91
ペリー	115, 117

「ほ」

ポウナル	81, 84
飽和蒸気圧（量）	137, 138, 140, 144
ボストン	104, 105
保温折衷苗代	14
牧堤跡	16
北陸東海御巡幸	17, 117
星野温泉	69
星野リゾート	70
北国街道	17, 75
発地川	49
本うだつ	75, 76
本間英一郎	104, 105

「ま」

前掛山	41

「ま」の続き

馬飼の土手	16
政宗白鳥	105, 165
松井田宿	97
万平ホテル	18, 62, 63

「み」

御影用水資料館	68
御影新田	50, 67, 69, 70
御影陣屋代官宿所資料館	46, 50, 68, 69
御影用水温水路	14, 49, 70, 71
三笠ホテル	18, 19, 64,147 〜 151, 154, 155
	156, 163
三笠通り	57, 59
御嶽宿	134
みくにふみの碑	73
南ケ丘美術館	86
見晴台	73
御牧	15
妙義山	119 〜 124

「む」

ムーア（Moor）	100 〜 103, 105, 106, 135
	139, 140, 165

「め」

メアリー・フレーザー	114, 115, 127
明治天皇	17, 117

「め」の続き

明治四十四年館	18, 19, 20
めがね橋	53, 79, 84, 98

「も」

茂沢	13, 45, 47
茂沢川	49
茂沢南石堂遺跡	13, 14
望月牧	15
木骨煉瓦造り	83
森泉山	13
モールス	115, 116

「や」

矢ヶ崎川	49, 50
矢ヶ崎公園	92
安川家	96
弥生時代	13, 124

「ゆ」

ユウスゲ→アサマキスゲを参照	
有線通信	115, 117, 118, 127
有形文化財	19
湯川	49, 50, 66, 68, 69, 70, 86, 91
ユニオン・チャーチ	38, 53

「よ」

養蚕業	75
横浜開港資料館	103, 106, 165

「よ」の続き

横浜海岸教会	106

「ら」

ラックレール	52, 53, 54

「り」

律令時代	9, 14, 99
立教大学	81

「る」

ルヴァン美術館	13

「れ」

レーモンド	23, 24

「わ」

和田峠	16
綿埋	68

筆者紹介

升本喜就（ますもと　よしなり）
1944.4.25 東京生まれ、1967 成蹊大学・工・電気卒
1979 に千ヶ滝西区に山荘を作り、頻繁に軽井沢に通う
1967～1999　NEC で 10 数機の科学衛星搭載機器、科学衛星システムの開発に従事。
NEC 退職後は、大学等が開発する小型衛星（マイクロサット）プロジェクトに参加している。1999～2005 宇宙科学研究所共同研究員。技術士（航空・宇宙部門）、第 2 級陸上無線技術士、第 1 級アマチュア無線技士
著書：『マイクロサットシステムとその実現手段』(ロケット協会) 2002.8、『マイクロサット開発入門』（共著）（東北大学出版会）2011.4.25、『軽井沢の自由研究』（杉並けやき出版）2012.5.25、『軽井沢の自由研究・増補版』（杉並けやき出版）2014.5.25、
軽井沢関係の講演：軽井沢図書館主催「軽井沢の歴史と自然」2015.5.9、軽井沢ナショナルトラスト主催「軽井沢の歴史と自然 Rev.A」2015.8.30、「明治～大正期の軽井沢を考える」2016.7.17

新版 軽井沢の自由研究
Study of Karuizawa, its History and Nature (New Edition)

2017年3月20日	第1版第1刷発行
2018年2月20日	第1版第2刷発行
2021年8月15日	第1版第3刷発行

著 者　升本喜就

写 真　升本喜就
組 版

発行者　小川　剛

発行所　杉並けやき出版

〒166-0012 東京都杉並区和田3-10-3
TEL 03-3384-9648
振替　東京 00100-9-79150
http://www.s-keyaki.com

発売元　星雲社（共同出版社・流通責任出版社）

〒112-0005 東京都文京区水道1-3-30
TEL 03-3868-3275

印刷／製本　（有）ユニプロフォート

© Yoshinari Masumoto 2017　　Printed in Tokyo Japan
ISBN978-4-434-23082-0 C0026